입술을 열면

입술을 열면

김현 시집

창비

차
례

* 이 책에는 각주 대신 디졸브(dissolve, 장면전환기법)가 사용되었음을 밝혀둔다.

제 1 부

심장이 멀게 느껴지고

☆불온서적

벗
대학시절
청년노동자
우리들의 하느님

박근혜가 대통령이 되었다☆☆

☆
☆☆

⊙ 인간

생명력을 주관하는 열세번째 천사는
고요하고 거룩하다

밤이 되면
잉크를 쏟는다

영혼에 동공을 만드는 것이다

저기 저 먼 구멍을 보렴
너에게로 향하는 눈동자

가슴의 운명은
빛으로 쓰인다

⊙ 인간은 온다. 내일의 비는 떨어지므로 인간적이다. 비 맞는 인
간은 인간다워지기 위해 젖은 몸에서는 따뜻한 김이 솟고 그때
에 인간의 다리란 참으로 인간의 것이다. 가령, 광장에서 물대포
가 쏘아질 때 패배의 무기는 무기력하고 인간은 젖은 채로 서서
방패가 된다. 무기를 막지 않는다. 무기를 넘보지 않는다. 이 또
한 인간이 가진 눈동자다. 그러나 오늘날까지도 생명은 비인간
적이다.

11

생명은 태어나고
죽음으로 끝이 난다

열네번째 천사는
주관한다◉◉

◉◉ 비가 그치고 빛이 떨어질 때 인간은 마땅히 고개를 드는 것이
다. 고해하는 인간에게 목은 얼마나 유용한 도구인가. 가령, 인간
은 물대포 앞에서 천사를 상상할 수 있고 평화를 그릴 수 있으며
종말이 멀지 않았음을 기록할 수 있다. 언청이의 입술이 예쁘다
고 생각한다. 이로써 인간의 눈동자는 인간적이고 방패는 무기
를 찌른다. 어제만 해도 생명은 인간을 따돌렸으리라.

*기화

문을 닫는다
보리차를 끓인다

밤은 어떻게 보리차를 맛있게 하는가

너는
간밤에 혼자
눈 쌓인 공원을 산책하고 돌아온
영혼의 언 발을 녹이는 중이다

너는 보았고
나는 보지 못했다
이렇듯 운명이 교차한다

애인은 어떻게 영혼을 아늑하게 하는가

* 너의 등에서 눈은 분산되었다. 깨끗한 풍경이 이루어졌다. 젖은
  옷을 말리기 위해 발가벗은 몸이 되었다.

물의 열망은 밤으로 소환된다
수면양말 속에서 발가락은 내 것이 아닌 듯 따뜻하다
어디에도 없는 아내의 마음을 취조한다

아내들은 어떻게 밤을 신비롭게 하는가

모든 순간을 연다
네가 없다

발가락을 어루만지던 기분이
영원히 남아 있다

보리차의 빛깔은 고딕체로 선명해진다
영혼은 어떻게 마음을 떠도는가

혼자
눈 쌓인 공원을 산책하고 돌아온 영혼이
똑똑똑
문을 두드린다

보리차는 식어가고
나는 영혼을 앞에 두고 있다❋

❋ 발가벗은 마음은 이불 속에 있었다. 그러는 동안 젖은 옷이 말
  랐다. 너의 등으로 내 얼굴이 쑥 들어갔다.

⚖노부부

시간을 손에 쥐고
해변을 걷는다

시간의 오래된 내부는
단단하고 반짝인다

노부부를 따라
노부부의 발자국이 해변을 걸어간다

그런 걸 보는 것이다
여름 해변에서는

태풍이 온다는 것을 알기에
부부는 한평생 지혜를 향해 간다

⚖ 그는 혼자다. 그는 바다를 향해 있다. 바다를 보지 않는다. 그렇게 얼굴을 하고 있다. 그는 그런 얼굴로 혼자서 해변의 얼굴을 완성한다. 그가 허리를 굽혀 모래알이 반짝일 때 한척의 배가, 두 사람이 그의 시간을 스쳐간다. 그는 배와 두 사람을 모두 보고 주먹을 꼭 쥐고 선다. 주먹 안에 담긴 것이 오늘날의 인생일 것이다.

늙은 남자가 늙어가는 남자의 굽은 등을 감쌀 때
자연의 파도란 평등하다

시간을 쥔 손들은 견고하다
견고한 것으로 부드러울 수 있다

늙어가는 것을 물결로 보는
여름 해변의 일이란 찬연하다

노부부가 산뜻한 얼굴로
저 먼 섬을 나란히 볼 때

손에 쥔 시간이
돌이다

빛과 어둠을
보류하고

해변에 오래 머물지 않고
바다에 미련을 두지 않고

저기로, 가요
저기, 어디

노부부는 순식간에 하얘진다
투명하다

선명한 적이 없었다는 듯이
침묵을 어디에 둘 새도 없이

더 멀리
해변은 노인들의 것이다

그걸 또 누군가가 뒤에서 바라볼 때란
노부부의 마음

가만히 서서

뒤를 돌아보지 않고

걸어가는 발자국을 본다⏏

⏏ 인생은 해변 위에 놓여 있다. 그녀는 보이지 않고 그녀들은 파
도에 발을 담그고 있다. 누구일까. 그녀는 인생을 보며 여름 해변
에서 보았던 발자국들을 떠올린다. 안개에 가까운 사람과 무덤
에 가까운 사람이 만나서 시간을 기다리는 이야기. 멈추는 것과
투명한 것과 잠든 것이 기다리는 해변에서 노부부와 한 남자를
따라 움직이던 사람의 시간을. 그녀는 오늘날의 인생을 들고 바
다를 향해 간다. 평화가 온다. 노부부가 해변에서 그녀를 되돌아
본다.

⑩ 보는 자의 관점

보면
얼굴이 있다

얼굴을 본 자여 본 대로 말하라

그는
미적인 사람입니다

우선 그의
코가 그러합니다

다음으로 그의
입술이 또한 그러합니다

⑩ 한 남자가 한 남자의 얼굴에 두 손을 얹자 눈과 코와 입이 다 보
  였다. 한 남자가 얼굴에서 손을 떼자 손등만 보였다. 한 남자가
  손을 놓자 눈과 코와 입이 움직였다. 한 남자가 손을 쓰자 눈과
  코와 입이 늙어가고, 한 남자는 그 얼굴을 이루는 눈과 코와 입을
  보았다.

마지막으로 그의 눈은
협력하지 않습니다

이 얼굴은 진품이 아닙니다

보면
얼굴이 있다

얼굴을 만든 자여 만든 대로
말하라

그는
아름다운 사람입니다

우선 그의
평면은 상징적입니다

다음으로 그의
입체가 또한 고전적입니다

마지막으로 그의 시간은
낭만적인 순으로 나아갑니다

이 얼굴은 복제품이 아닙니다

보면
얼굴이 있다

얼굴을 삼은 자여
보지 않은 것을 말하라

얼굴에
정신이 있습니다

우선 이 얼굴에는
성별이 없습니다

다음으로 이 얼굴은

여러차례 거듭납니다

마지막으로
이 얼굴은 얼굴을 보지 못합니다

말하는 자의 얼굴은 제가 아닙니다①

---

① 한 남자가 칼을 들어 얼굴을 찢자 한 남자의 얼굴이 갈라졌다.
한 남자는 떨어진 눈과 코와 입을 주워 캔버스 밖으로 고요히 사
라졌다. 한 남자는 눈도 없이 코도 없이 입도 없이 칼을 버렸다.
한 남자는 이제 완전한 얼굴이었다. 한 남자는 눈이 두개 코가 두
개 입이 두개로 뒤도 돌아보지 않았다. 한 남자는 이제 완전한 사
실이었다.

▣죽음과 시간

통과해갔다

그리하여 새는
새가 되고
빛은 빛으로 응답하고
당신은 어쩜
당신 그대로였다

나는
통과해갔다

나는 왜
내가 되지 않고

▣ 이것은 그림이다. 누구나 아는 그림은 아니지만, 누구는 알 수
있는 그림이고, 누구도 몰라도 되는 그림이다. 그림을 그린 자는
죽었고 그림 속에 죽은 사람은 없다. 다만 그림 속에는 죽은 새들
이 있고 죽은 새들이 차례대로 통과해갔다. 생명으로 흰 것을, 그
러나 빛은 아니고 투명한 것도 아니며 질감은 있는 그것의 전후
에서 새들은 변함없이 두 다리로 걷는다. 이것은 시다.

내 얼굴이 되어버린 것일까
나는 통과해갔다

새가 나에게 왔으나
빛을 입에 문 당신이 빛나
보였으나
나는 길이를 재고 통과해갔다

그 흰 장막을
아무것도 통과해가지 못하도록
찢어 먹었다

더러워
찢긴
그것이 통과해
나는 갔다

나의 얼굴은 더는 나를 기억하지 못하고

새는 첫째가는 빛으로

빛은 죽음의 새로

당신 얼굴은 어쩜 내가 되었다◌

◌ 시인은 흰 것을 초록 위에 세운다. 생명. 그것은 설치고 평면이
다. 화가는 흰 것을 보지 않고 초록색을 칠한다. 그것은 회화고
입체이다. 화가는 그 시에 죽음이라는 제목을 붙이고 시인은 그
시가 아닌 것에 시간이라는 제목을 붙인다. 이것은 그림이다.

◈조선마음 8

오늘은
반듯이

입춘이라는 단어를
입술에서 떠나보낸다

그게 봄이다

봄에는
꽃을 주는 사람이 되자

마음먹고
꽃이 피지 않는 식물을 산다

◈ 시간은 여기로 왔다. 저기, 사이다를 마시며 은행나무 아래 앉
아 있는 이가 오늘의 주인공이다. 이는 시간을 되돌려보고 있다.
정확히는 시간이 남긴 기록을 돌려 읽는 중이다. 그렇다고 은행
잎이 떨어지는 것은 아니다. 잎은 이미 겨울까지 떨어져 있다. 이
는 봄까지 살아남지 못할 이를 대신해 이를 쓴다. 시간이란 그토
록 유용한 넘나듦이므로 이는 민숭민숭하게 늙어버린다. 시간의
털이 다 빠져버린 것이다.

마음을
먹고 싶다

마음 먹는 입술이
먹는 것

몸

창문에 나란히 누워 하얀 목련
듣는다

보이는 것이 없으므로
나타나는 것이 있다

조선의 시간은 어디로 갔을까?

빛은 따뜻한 의문
새 마음으로 살다보면 새 몸이 되겠지

오늘은 반드시
얼굴이 빨개지고 싶다

꿈에서 마음이 흔들렸다
조금 더 가까이 와 조금만 더 멀리

이불 속에서 만나자
손을 잡아끄는 입술이 동그래진다

네가 조선의 빛이다◆

◆ 시간은 여기로 오기도 했다. 저기, 목련나무 아래 떨어져 있는
자가 오늘의 주인공이다. 자는 시간을 앞질러 있다. 정확히는 시
간이 아직 시간이 되지 못한 시간을 사는 셈이다. 그렇다고 목련
이 벌어지는 것은 아니다. 꽃은 아직 봄으로부터 떨어져 있다. 자
는 봄까지 살아남을 자를 대신해 자를 쓴다. 시간이란 이토록 유
용한 멈춤이다. 자는 늙은 채로 있다. 시간의 털이 잠시 쭈뼛 선
것이다.

✧빛의 뱃살

뱃살이 늘어간다
그걸 평화라고 부를 수 있겠지
뱃살의 평화

뱃살은 먹을수록 평화롭고
평화로울수록 뱃살은 겹쳐진다

배가 부른
빛이 어둠을 덮고
두 발을 모은 채
잠들어 있다

불을 켤 수 없다
어둠이 만드는 것이 있으므로

✧ "관을 열어둔 채 밤을 새워보면, 죽은 이의 입술이 움직인다는
느낌을 종종 받는다. 그렇다고 무슨 희망을 주는 움직임은 아니
다. 떠난 이가 아직 멀리 가지 못했음을 말해주는 징표일 뿐이기
때문이다."(『존 버거의 글로 쓴 사진』) 그는 읽고 있던 어둠을 덮
고 빛을 펼친다.

잠든 빛의
배는 살색이다
살색은 쓰지 말아야 할 말
그러나
쓴다

살색 배는 살아 있다
배는 영혼을 드러낸다
눈이 영혼을 감추듯

빛의 코와 입술에
코와 입술을 붙이고
숨을 쉰다

물이 순환하는 소리를 들으며
생명을 이해하려 한다

빛은 노동한다

어둠이 그러하듯

맞는 바지가 없어
그는 태어나 처음 있는 일을 고하고
우리는 가난한 게이들이야
그도 대꾸한다
우리는 가난한 노동자들이지
그 역시 대답한다
바지를 아껴 입자
잠자코 있던 그가 말한다
우리는 거짓이 없어 적막하고
온도 좀 높여봐
죽은 사람들이 나를 찾아왔어

이 모든 가난한 연인들의 대화를
그 무한한 혼잣말을
평화라고 부를 수 있겠지
빛은 어둠을 걷어차고 이불을 끌어 덮는다

우리를 이루는
어딘가 죽은 남자 둘이
평화를 매만진다
뱃살이 만드는 것이 있으므로

그때
아침이 생겨난다◇

◇ 그는 빛을 덮고 어둠을 펼친다. 내가 좋은 시 들려줄게. 그가 말
한다. 그는 베르톨트 브레히트의 4행시를 읊어준다. 네가 평화에
관해 들려줬다고 시로 적을게. 그의 못난 발음을 잠자코 듣다가
그는 말한다. 그 혹은 그의 두 눈은 조용히 감기고. 밤의 만년필
이 닫힌다.

◊ 떨리는 눈

달이 떴다

시간이 공중에 떠 있듯
밤이다

떨리는 눈으로
밝은 빛을 볼 수 없다

눈을 감는 일이
지속적으로 아름답다

떨리는 눈으로
빛의 맨발을 본다

◊ 그렇게 눈은 시작된다. 떨림에 관해서 우리가 말할 수 있는 시
간은 1초다. 떨림에 있어 중요한 것은 경련이 아니라 시간이다.
새벽에 처음 손이 처음 손을 잡는다. 별다른 이유 없이 갑자기 수
축하거나 떨게 되는 현상 '1초'는 첫눈에 반하는 것과는 다르다.
첫눈에 반하는 것에는 시간이 존재하지 않기 때문이다. 떨림은
시간의 동물이다.

잠들어 있다

잠들어 살아간다
빛은

가슴에 손을 얹는다
떨리는 것으로 그렇다

너는 가슴에 손을 얹는 남자구나

신은 지난밤
달의 눈썹을 고요히 밀어버린 전적이 있고

오늘
아침을 기다리지 않는 자는 죄가 없다

떨리는 눈으로
잠든 얼굴을 본다

아침이 오는 것을
듣는 얼굴, 빛

떨리는 눈으로
달이 떠 있다

지금까지는
모두 달의 일과

밤은 물러가지 않고
내리고 쌓인다

빛은 눈 뜨지 않는다
떨리는 눈으로 그걸 본다

시간이란 모든 떨고 있는 것
나 지금 떨고 있니?

그게
내려온다◇

◇ 1초다. 눈꺼풀과 속눈썹과 눈동자의 거리가 그러하고 눈동자와
눈물의 사이가 그러하고 눈과 빛의 스밈이 그러하다. 1초가 지나
갈 때 그 모든 거리와 사이와 스밈이 나와 작은 손을 흔든다. 그
별다른 이유 없이 떨리는 것, 그게 신의 신비다. 떨리는 눈으로 떨
리는 눈을 보는 가깝고도 먼 사람, 우리 비록 떨림의 동물이 되자.

❀사람의 장기는 희한해

나는 나 없이도 잘 사는 사람이 되었다

고궁 앞에서
나에게 벚나무 한그루를 사주었다
심장이 가깝게 느껴졌다

작고 하얀 것들은 어지러워
작고 하얀 것들이 어지럽게
고궁을 뛰어다녔다

고궁은 가득 비어 있었다
작고 하얀 것들은 마음을 이루고

태정태세문단세

❀ 두 남자는 고궁을 걸었다. 손을 잡지 않고 손을 잡았다. 소나기
가 울려퍼졌다. 두 남자는 종으로 들어갔다. 마주 보고 서서 종의
저 먼 곳을 올려다보았다. 그곳에서 입술이 맴돌았다. 종소리가
들렸다. 남자들의 다리가 사라졌다. 저 작고 하얀 것들을 보라지.
남자는 멀리 어지러운 것들을 되돌아보며 고궁으로 들었다.

고궁을 걷는다 생각하며 고궁을 걸었다

나를 만난다면
나를 만나는 순간을 바꾸고 싶다
당신을 생각하며
돌계단을 내려왔다
작고 하얀 것들이

작고 하얀 어지러운 것을
내려놓았다
돌계단은 언제까지나 그곳에 마음을 둘 것이다

걸어들어가지 않은 고궁을 걸었다
작고 하얀 것들이 툭하면 사라졌다
심장으로 바람이 들었다

아무도 없는 사람들을 보지 않고 지켜보았다

심장이 하나인 사람은

하나뿐인 사람의 심장을 뛰게 했다

사람 둘의 입에서 새소리가 났다❀

❀ 두 남자가 고개를 내렸다. 밖으로 한 사람 두 다리가 보였다. 두
남자는 침묵의 청동 외피에 귀를 가져다댔다. 한 사람 두 다리가
물러서며 사라졌다. 저 작고 하얀 것들을 보라지. 두 남자는 평생
하지 않은 첫말을 입술에 간직했다. 두 남자는 종소리를 짊어지
고 고궁으로 나왔다.

✦ 너는 순종을 가르쳐주고

어떤 대중가요는
영혼을 믿나요라는 말로 시작된다
어떤 대중가요가 영혼을 믿나요 같은 말로 노래를 시작
할 수 있나

어떤 남자는
내가 가장 사랑하는 음반이야
말로 고백한다
어떤 남자가 내가 가장 사랑하는 음반이야
같은 말로 반짝일 수 있나

어떤 대중가요는
사랑을 믿나요라는 말로 영혼을 믿나요라는 말을 뒤따
른다
어떤 대중가요가 사랑을 믿나요 같은 말로 영혼의 어깨

✦ 저기, 밤에 앉아 있었다. 너는 기타를 들고, 너는 기타를 어색하
게 들고 밤공기의 영향권에 들어 있었다. 밤이 되어서야 걷거나
뛰는 사람들 사이로 정복될 수 없는 그림자 둘이 진실로 숲을 이
루었다. "할 수 있을 때 장미 봉오리를 모아라."

에 떨림을 두를 수 있나

어떤 남자는
마지막에서 두번째가 가장 좋아라는 말로
확실해진다
어떤 남자가 마지막에서
두번째가 가장 좋아 같은 말로 한 손을 잡을 수 있나

어떤 대중가요는
마법을 믿나요라는 말로 심장을 흔들리게 한다
어떤 대중가요가 마법을 믿나요 같은 말로 겹쳐진 손가
락을 고정할 수 있나

어떤 남자는
운명을 믿나요라는 말을
어떤 남자의 침묵에 요구한다
어떤 남자가 운명을 믿나요
같은 말로
어떤 순간의 붉은 입술을 움직이고

어떤 대중가요는

영원을

믿나요 같은 말로 꽃을 피운다✦

✦ "오늘 미소 짓는 이 꽃도 내일이면 죽으리라. 로버트 헤릭." 한
밤에 두개의 목소리를 보았다. 창문을 활짝 연 목소리였다. 혼자
가 되어서야 걷거나 뛰는 나의 심장이 이제 막 순종을 배우는 목
소리들을 가리켰다. 너희는 어두운 곳에 앉아 빛나는 곳의 장미
봉오리를 모으고 있구나. 밤이 흰 가시를 돋우고 있었다.

⟩ 영혼결혼식

늙은 남자를 앞두었던 젊은 남자는
맑은 술과 흰 생선을 내려다본다

그는 물에 만 밥을 한술
뜨려고 떠다닌다

눈이 들어간 어머니가
눈 감은 자식에게 말을 벌린다

살을 발라주려고
입으로 생선살을 넣는다

오늘날의 어머니는 자식을

⟩ 일주일째였다. 두 사람은 누워 있고 두 사람은 거의 다 죽었다.
나이에 상관없이 그들은 예술하는 삶을 생각한다. '어쩌면 우리
는 순간적이었나봐.' 이 시간까지 영원에 관해 이야기하는 눈을
가진 것들. 이 시간에 사람은 사람에게서 멀어진다. 땅과 하늘 어
딘가로 가는 것은 슬픈 일. 이 시간에 시간을 떠올리는 사람들은
없다. 그가 그에게 물었다. "몸과 영혼은 분리될 수 있을까?"

44

옛날 옛적으로 취급해

물에 만 밥을 먹으면 검은 것을 봐도 놀라지 않고
생선의 흰 것은 머리를 맑게 해준단다

영혼에 관한 한 그들은
오로지

살아 있는 이야기

자식 둘은 몸을 저만치에 두고
늙은 여자들의 이야기를 귀담아듣는다※※

※※ '아버지는 어떻게 계시니?' 물에 밥을 마는 남편의 마음과 보
리굴비처럼 유순해지는 아내의 마음을 생각할 때 멀리서 땅과
하늘은 덮쳐온다. 두 사람은 이제 거의 다 굶어 죽었다. 헐렁했던
영혼이 몸에 꼭 맞았다. 그가 그에게 물었다. "쌀밥 한그릇이라면
더 좋았겠지."

*애정만세

어제 이강생의 얼굴을 발굴했다. 이강생은 얼굴을 가지고 있었는데, 이강생은 그 얼굴을 가지고 아시아인의 얼굴을 하고 있었다. 아, 저게 바로 세계인의 얼굴이구나, 동성애자의 얼굴을 한 이강생의 얼굴을 보며 수많은 얼굴을 생각했다.

해진 누나 애정만세 보내요.

쓰고 나는 해진 누나의 얼굴을 떠올린다. 해진 누나는 얼굴을 가지고 있는데, 해진 누나는 해진 누나의 얼굴을 가지고 해진 누나의 얼굴을 기억나게 하지 않는다. 해진 누나는 고개를 든 채로 해진 누나의 얼굴을 숙인다. 해진 누나의 얼굴을 눈앞에 두고 아, 저게 바로 누나의 얼굴이구나, 세계적인 얼굴이 해진 누나를 가지고 있다.

* 묘지를 산책할 때였다. 벤치에 앉아 얼굴을 떨어뜨린 여자가 얼굴을 줍지 못한 채 울고 있었다. 얼굴이 없으므로 숨죽여 흐느꼈다. 그 앞에 살아 있는 누나가 앉아 있었다. 누나는 떨어진 얼굴에게 물었다. 우리 어디서 본 적 있죠. 누나는 아직 아무것도 보지 못했다. 누나에게는 애정이 있다.

46

나는 빛과 함께 침대 위에서 세계 속 미스터리를 본다. 빛의 얼굴은 잘생겼다. 눈과 코가 무엇보다 입이 있으므로. 뽀뽀를 한다. 뽀뽀할 때마다 빛의 얼굴은 변한다. 사랑하는 사람들의 얼굴은 슬픔 쪽으로 닭살이 돋는다. 빛의 얼굴이 보고 싶을 때마다 빛의 목소리를 듣는다. 해진 누나에게 애정만세를 보냈어. 이강생의 얼굴에 관해서는 말하지 않는다. 해진 누나의 얼굴에 관해서도 말하지 않는다. 빛의 얼굴에 관해서도 말하지 않았다. 다만, 내 얼굴에 대해서는 말할 수 있다. 얼굴이 무수히 변한다는 걸 알면서도 사람들은 우리 어디서 만난 적 있죠, 미스터리하다.

이강생의 얼굴은 묘지를 돌아다닌다. 해진 누나는 우는 얼굴에 귀를 기울였다. 내 얼굴은 눈부시지 않다.

＊＊우리의 얼굴은 망가져갈 거야. 그렇지만 너의 얼굴이 먼저 보고 싶구나.

＊＊ 빛은 사실주의다/빛의 목소리를 듣고/빛은 사실이다/쓴다/

제 2 부

슬픔의 송곳니가 빛나고

✢조선마음 11✢✢

문을,
닫고

밧줄을,
감고

촛농을,
떨구고

✢ 이게 다예요. 닫힌 문은 닫혔다는 것 말고는 아무것도 지칭하
지 않아요. 영원히 사라진 문. 우리는 지금 사라지고 있어요. 말
하지 않아요. 못다 한 말이 있어요. 그 말이 다예요. 닫혀버린 말.
석고상 같은 입술. 입술의 석고상. 당신의 얼굴이 보이지 않아요.
당신도 내 얼굴을 볼 수 없죠. 그게 다예요. 우리가 가진 감상적
인 얼굴은. 감상할 수 없어요. 닫혔고 굳었고 보이지 않는 가운데
우리는 이게 다예요.
✢✢ 변장이 필요한지도 몰라. 마음에는. 우리는 서로를 바꿔 입은
채로. 살아왔는지도 몰라. 나는 너를 시작하고. 너는 나를 끝내고.
밧줄과 촛불이 우리를 나타내고. 너는 벗고 나는 묶겠지. 너는 흘
러가고 번져. 나는 굳어가고 스미지. 너에게 넣고 싶은지도 몰라.
이게 다예요. 우리는 감상에 빠지고 싶은지도. 몰라.

그게 어느새
늙어버린 우리 얼굴

건널 수 없는
얼굴을 사이에 두고

우리는 우리를 본다
우리는 다 알겠다는 표정으로

우리는 아무것도 모르겠다는 표정으로
우리는 움직이지 않는다

조선은 오래전에 망한 나라
우리는 자학한다

너는 우리 앞에 시간이 있다고 생각하겠지만
우리 앞에 놓인 것은 시간이 아니다

시간은 끝났다

이제 시간은 시간이다

사랑했나 먹고살았나
우리가

물을 수 없는 것으로
우리는 정면이다

볼 수 없다

우리는 사랑을 시작하는 얼굴
녹아내리고

우리는 얼굴을 끝내
묶는다

초는 사라지고
밧줄은 불타버리는데

마음에
딱딱한 촛농이 쌓인다

조상님들을 떠올린다

죽음의 토르소를 껴입고
우리는 그야말로 우리의 얼굴로

너는 너를 보고
나는 나를 본다

촛농을,
감고

밧줄을,
열고

문을,
떨구고

✟ 감상소설

오늘은
내 마지막 낭만적 사랑의 기일

시작해줘

네시 이십분 방향으로
눈이 커졌다
이반 시티를 떠나기로 했던 약속은
공간을 잃었다

그들은 둥근 천장 아래로
세계의 추위를 피한
오늘로 두번째인

✟ 책을 펼치면 두번째 단락은 이렇다. 루 리드는 1966년 루 리드
의 미발표 곡들을 모아 「루 리드」라는 데모 앨범을 만든다. 훗날,
이 데모 앨범을 우연히 손에 넣은 루 리드는 이들의 감상주의에
주목하며 「감상소설」이라는 데모 앨범을 만들게 된다. 「오늘은
내 마지막 낭만적 사랑의 기일」은 두 앨범 모두에 수록되어 있지
않다.

첫 남자들

그들은 붉은 벽돌로 둘러싸여 있고
사랑의 가난을 서약한
최초가 있어
그들은 스테인드글라스 앞에서 무릎을 꿇었고

지난여름 해변에서
연인들은 보통 통닭을 먹는다
이야기할까?

먼저, 만져줄래
기도할까

먼저, 만져줄까
기도하자

루와 리드는 그곳에서 눈을 떴다. 입을 맞춘 것이다. 멀리서 미약한 슬픔이 빛나기 시작했다.

루. 눈보라가 더 거세지고 있어. 리드. 완벽한 날은 없어. 파묻히고 싶어. 리드. 조금만 더 시간을 떠나보내면 그럴 수 있을 거야. 루.

맹세해줘. 루는 오른손을 내밀었다. 맹세는 어떻게 하는 거지. 리드는 오른손을 내밀었다. 루는 리드의 손등에 입을 맞췄다. 이제 맹세가 이루어진 건가. 리드는 오른손을 주머니로 찔러넣었다. 루의 오른손이 호주머니 속에서 순교했다. 루의 입술에 머문 리드의 손등에서, 리드의 손등에 머문 루의 입술에서 십자가가 부서졌다.

비극이 건축됐다.

하얀 그리스도상 앞에서
마음의 중심이라 할 수 있는 곳에서
그들은
피복이 벗겨진 입술을 벌렸다
핥았다 흘렸다
따뜻하고 귀가 묵직하게 조용해졌다
눈이 부셨다
두 천사가 부서진 문 앞에 서 있었다

눈이 멈출까
기도할래

도시는 끝나겠지
기도하자

영혼을 숙이고
긴 어두운 그림자 긴 밝은 빛이
십자가가
두대의
남자들에게로 들어왔다✞

✞ 앨범을 펼치면 첫 단락은 이렇다. 성당으로 가자. 성당으로. 성
  당에서 하고 싶어. 성당으로 가자. 성당으로. 축복받고 싶어. 성당
  으로 가자. 성당으로. 우리가 처음은 아닐 거야. 성당으로 가자. 성
  당으로. 축복받을 수 있을까. 리드. 성당으로 가자. 성당으로. 루.

⫶ 조선마음 4 ⫶⫶

기도하자

속삭인다
비가 와 속삭인다 비가 와요
속삭인다 비가 오지 속삭인다
비가
오니 속삭인다

⫶ 눈으로 시작하는 것이다. 모든 밤은 두 눈으로 덮인다. 덮이는 것 위로 떨어지는 것. 떨어져서 합쳐지는 것. 합쳐질 때 토해나 오는 것. 눈으로 시작되는 것이다. 그는 눈으로 속삭인다. 눈으 로 속삭일 때 눈은 내려온다. 내려온 눈은 발등을 본다. 발등에 떨어지는 것을 본다. 발등에서 산산이 조각나는 것. 그것 비가. 비가 시작된다. 비로부터 시작되는 비가. 들이친다. 두 손을 모 으고.

⫶⫶ 들을 수 있다. 소리를. 그 소리를. 조각나는 소리를. 조각조각 떨어지는 소리를. 그는 눈을 시작한다. 눈에 가까워진다. 눈으로 부터 멀어질 수 없다. 그는 발등에 떨어진 눈동자를 본다. 발등의 눈은 얼굴의 눈을 본다. 비치는 것. 비추는 것. 비껴가는 것. 떨어 지는 것. 멀어지는 것. 그것 노래가. 노래가 시작된다. 음으로부터 시작되는 노래가. 두 손을 모으고.

비가 기도를 지나올 때
그러면 기도하자

비의 숨통으로 들어가자
뼈만 남은 손목을 잡고 속삭인다
비의 숨통으로 들어가요 속삭인다
비의 숨통으로 들어가자
꿀 먹은 벙어리처럼
단내가 나는 입술을 벌리며 속삭인다
비의 숨통으로 들어가자
달콤하게 속삭인다
비의 숨통으로 들어가면
비가 계속 내릴까
내리는 비는 딱 멈출까
비 사라지고 해 뜰까

그렇다고 기도하자

비의 숨으로 들어가고

비의 결에 서 있어봐요
앙상한 손목을 손뼈에서 빼내며 속삭인다

이곳은 여전히 비가 와
그곳은 어때
잘 듣지 못하고
속삭인다

이곳은 아직도 비가 내리고 있어
그곳은 어때
들리지도 않게 듣지도 못하고 속삭인다

이곳은 아직도 비가 온다고
그곳은, 그곳은 어떠하기에
도대체 꺼져가는 분수처럼 울음을 터뜨린다

어쩔 수 없어 기도하자

비 오는 예배당을 거닐며

속삭인다
이곳은 비가 멈춰 있다 비 사이에서
속삭인다 비는 아래로부터 딱딱해지고
먹구름은 공중인처럼 흘러간다 속삭인다
그곳은 어떠니
왜 아무런 말이 없니
비가 다 부러질 때까지
예배당으로 들어가지 않고
돌아설 거야
기다릴래
나도 갈래

예배당 문이 열린다

조선은 화사하다
텅 빈 해변에서

눈으로 와 속삭여
조선은 기도하고

조선이 기도하자
눈이 와

⍌마르가리따

68년 눈이
녹았다

벼룩시장에 나가
정신을 사왔다

싼값이었는데
간략한 집안의 안주인이 썼을 법한데
정신은 누구의 관심도 끌지 못했다

이제 누가
저 크고 무거운 시대의 정신을 쓰겠는가

⍌ 42년 알렉산드르 벨랴예프는 겨울 벼룩시장에서 붉은 옷장 하
나를 장만한다. 그는 그 옷장을 마르가리따라고 이른다. 42년 이
후 알렉산드르 벨랴예프는 시간의 공권력에도 불구하고 68년까
지 이 옷장을 간직하게 된다. 훗날, 이 옷장을 구입한 알렉산드르
벨랴예프는 옷장의 정신을 연료 삼아 SF소설 『마르가리따』를 불
태워 남긴다.

정신을 응접실에 전시했다

유물론적 관점으로
한쪽으로
보란 듯이
평행한 밤

'정신 나간 노인'이 사는
'박물관'으로
알렉산드르 벨랴예프가 이동해왔다

── 보시게, 저게 바로 마르가리따일세
── 그렇군, 이게 바로 마르가리따로군

알렉산드르 벨랴예프는 자신이 가져온 미래 한병을 땄다
'나'와 향수를 나눴다

정신 나간 노인은
정신의 어깨 위로

흘러내린 시간을
거꾸로 쓸어 만졌다

문을 열었다
밤이 밝았다

정신은 어디로 끝없이 이어져 있을까

청록색 눈빛을 풀어헤치고
네 발로
어둠으로 들어갔다
짐승만 한 푸른빛이 깊숙해졌다

검은 드레스를 입은 여인이
죽은 옛 동지의 얼굴이
몸을 나간 정신이 불현듯
나타날 법했다

수없이 많은 밤이 이룩하려고 했던 것

수도 없는 낮이 무너뜨리려고 했던 것
잃어버린 영혼을 찾아서

모두 오지 않았다

시대는
오래지 않아
정신은 부서지고
불태워졌다

알렉산드르 벨랴예프는
문을 열었다

벌써 오래전 일이라고 생각했지만
아직 오랜 후의 일이었다

42년 눈이
내렸다

벼룩시장에 나가
붉은 나무를 사왔다 ▽

▽ 세계의 정권은 바뀌지 않았다. 알렉산드르 벨랴예프는 42년 붉
은 나무를 사용해 정신을 제작한다. 그는 그 정신을 '마르가리
따'라고 이른다. 68년 알렉산드르 벨랴예프는 이 정신을 그해 제
국의 여주인에게 선물한다. 훗날, 이 암살의 박물을 관람하기 위
해 많은 이들이 42년과 68년의 '마르가리따'를 방문하게 된다.

✤빛의 교회✤✤

두 손을 모으고
기도하는 일 따위는 잊자

죽음이 밥상 위에 올라와 있고
죽음은 먹다 남은 고등어 한토막이다

죽겠다고 말로만 떠들지 말고
죽어라

✤ 빛 속에서 빛나는 것을 생각하나니 눈을 감으소서. 검은빛으로
빛나는 그림자를 물러가게 하소서. 당신을 향해 모은 두 손과 숙
인 목과 얼굴을 가져가소서. 믿음을 요구하는 것을 거두시고 침
묵이 되게 하소서. 침묵 속에서 감은 눈을 생각하게 하시고 당신
을 잊게 하소서. 당신의 존재를 부정하게 하소서. 부정하는 것에
서 선악과를 믿는 믿음이 싹트기를 기원하소서.
✤✤ 너를 사람이 되게 하노라. 보이지 않는 가운데 보이게 하노
라. 죽은 자와 산 자들 사이에서 영원히 헛되도록 하노라. 구원받
을 자격과 구원할 능력을 멸하노라. 영원히 죽음을 생각도록 하
노라. 늙고 병들게 하노라. 아침이면 간신히 걷고 밤이면 간신히
잠들도록 하노라. 영원히 인간을 생각하게 하노라. 그 인간을 해
하게 하노라. 뱀의 혓바닥을 너에게 허하노라. 믿음으로 독을 삼
켜라.

젊고
몹쓸 것들아

순전하다
그곳에서 모든 시간은

자유로운 영혼이라는 말은
삼선 쓰레빠를 신은 거짓

빤쓰를 챙겨 입는 일로
산다는 것은 호락호락해진다

나이를 먹고서도
죽지 못하는 것들은 얼마나 가련한가

삶은 순식간에 저주가 된다
그걸 믿어라

십자가로 거짓을 치장하는
병든 것들아

의복을 정신으로 삼을 때
죽어가는 것을 어여삐 여길 때

너희는 모두
꽃병에 꽂힌 위선자다

후일담으로
서양음악으로

반복으로
유령이 나타날 것 같은 것으로

서정으로
신서정으로

오는 것 중에

내가 있다

맞서라
전위여

죽고 싶다고 말하지 말고
죽어라

젊고
대체로 싱싱한 육신들아

두 손을 모으고
기도하자

빛으로 들어가나니
저를 죽여주옵소서

*미상

주현절이었다

어항에 눈을 쌓았다
협동조합의 밤이 꺼졌다
지붕이 없는 하늘은 차가웠다

떨어졌어, 저길 봐
눈송이들은 고아원의 원생들처럼 다정했다
두 입술이 추락했다

우리는 눈이 녹는 가운데
몸을 결합하고
우리는 눈이 녹은 가운데
지느러미를 생성하고

＊ XX48년 노르망디 지방의 네르뇌유쉬르야브르에서 출발한 빠스
 깔은 우울한 삶과 싸움을 벌인 끝에 작자 미상, 제목 미상, 독자
 미상의 작품『미상』을 출판하게 된다. '출항'이라고도 불리는 이
 작품은 두명의 조합원, 막심과 마르심의 이야기를 닻으로 삼고
 있다.

우리는 눈이 녹은 가운데에서
평화로운 자세를 완료했다

소복소복
파도가 솟구치고 가라앉았다
눈은 눈으로부터 멀어졌다

물거품이야
우리는 한치 앞을 내다보고

모든 것이 비유에 가까워졌다
죽음에 이르렀다

내 영정사진은 찾았어? 발이 차다
안이 속삭였다

아니, 아직. 돈이 필요해
네 손도 차구나
이덴이 속삭였다

협동조합은 옛 건물이었다
허튼짓이었다
우리의 영혼은 기본권을 주장했다
사람들이 강제철거로 멀어졌다

눈이 녹는 한가운데
안 이덴은
각기 다른 시간에
잠으로 들었다

어항에 물이 쌓였다
블루칼라의 새벽이 떠올랐다

머지않아
쓸모를 잃은 협동조합 스피커에서
죽은 자들의 목소리가 흘러넘쳤다

한번도 들어본 적이 없는 수부의 노래였다

출항이오
느려터진 목소리가

첫새벽
오디세이는 떠나가고 있었다＊

＊ XX48년 노르망디 지방의 네르뇌유쉬르야브르에서 출발한 우주
선은 빠스깔에 가까워졌다. 막심과 마르심은 『미상』을 읽는 중이
었다. 막심은 마르심에게 물었다. "내 영혼은 찾았어?" 마르심이
막심에게 대답했다. "아니, 아직. 몸이 필요해." 막심과 마르심은
합쳐질 때까지 빠스깔의 이야기를 돛으로 삼았다.

&무성영화

김 박사는
금지된 것을 생각했습니다

남자와 여자
아버지와 어머니
창조와 파괴

버려진 시가 있는 겨울
해변에서의 일이었습니다

바다는 없고
모래와 추위만 남은 해변에는
속세의 검은 유리병들

빛을 받으면 어두워지고 어둠속에서 빛나는 단순한 것

& 숲을 금지하라. 이것이 인간들의 강령이 되기까지 오랜 시간이
걸리지 않았다. 숲을 이룩하려는 박사는 금지된 숲을 생각했다.
숲의 도면을 해변에 썼다. 나는 어떤 물질로 영혼이 되었나. 박사
는 영원히 버려진 인간들에게 답을 요청했다.

들이
　그 속에

화사한 마음이 시를 유리로 지키려고 했겠죠

박사는
이룩된 과거와 허물어진 미래 속에서
말이 필요 없고

유리병을 채취하여
그 안에 담긴 목소리를 들었습니다

눈이 와
자두나무 아래 잠든 사람이 있었다

눈이 와
그 사람은 꿈을 꾸었다

박사의 마음기계에

깨지기 쉽고 증명하기 어려운 것들이 차곡차곡
쌓이고
침묵하고
밤이면 질문하고
질문을 깨뜨려버리는 자를 기록했습니다

어둠이
박사가 지닌 숲을 뒤덮어
박사는 가슴을 열고
녹색 광선이 등장하는 흑백영화를 상영했습니다

남자와 여자가
아버지가 되고 어머니가 되어
창조하고 파괴했습니다

빛나는 것이 금지된 것처럼
점점

박사의 3.31헥타르가

검고 하얘졌다&

&박사는 유리병에 담길 수 있는 것과 담길 수 없는 것을 나누었
다. 지난여름 바다에서 우리는 어떤 시를 읽었을까. 자연히 사라
진 모든 것을 떠올렸다. 모든 자연을 금지하라, 이 강령이 인간을
포함하기까지 오랜 시간이 걸리지 않았다. 인간들은 하나둘 생
매장됐다.

◉ 흰 것은 검은 것을 남기고

눈 덮인 형상들이
백합을 들고 진실의 종탑으로 간다네

오늘은
거짓에 못 이겨 죽으려고

진실의 종아 울려라
형상들은 기도하고

진실이 울려퍼졌나이다

복음서에서 남동쪽으로 떨어진 곳에서
두 수도사는 처음으로 육체를 믿음 삼고

검은 것을 깔고 흰 것을 껴안은 이들에게서
진실의 기체가 솟아올랐나이다

◉ 너는 너의 복음서에 검은 것을 적고/나는 그 흰 것을 내게 달라
고 말했다

형상들은
신앙의 창문을 열고 날려보내네

추락으로 영원을 선서하고

진실은
검은 피가 든 하얀 꽃

향로미사를 마친 이들이
종탑 아래에서 시험에 들고

종소리
난분분하여
두마리 검은 참새가
짧은 부리로 흰 침묵을 물고 날아가네

이제 더는 우짖는 기쁨을 알지 못하리

가엾은 저 영원 한쌍◎

◎ 나에게는 얼굴을 쓰다듬을 손이 없다/죽음이 찾아와 너의 눈을
앗아가리니/검은 형상 자체가 흰색을 만나 존재를 만들어낸다
(마리오 자꼬멜리)

▨방공호

밤낮
라디오를 들었다

사람이 살아 있는 이야기가 이야기되었다

나는 밤낮으로
우리는 죽었다는 말을 번복했다
사람들은 나를 광인이라 불렀다

삐에르, 누군가는 뜻을 알아듣는 말을 해야 한단다
어머니는 말했다

라디오는
부질없는 인류를 작동시켰다

▨ 다음은 '광인은 누구인가?', '광인은 어디서 왔는가?', '광인은
어디로 갈 것인가?' 등의 암호문을 통해 광인이 세기의 삶에 미
친 영향에 관해 숨겨온 삐에르 삐에르 삐에르에 의해 이루어졌
음을 밝힌다. 삐에르, 누군가는 뜻을 알아듣는 말을 해야 한단다.
어머니는 말했다. 이것이 첫번째 열쇠다.

삶은 닭고기가 먹고 싶었다
채식주의자의 육식에 관하여 궁금해졌다

달이 양배추처럼 우람해졌다
우리는 달을 피했다
맙소사, 우리는 달로부터 도망쳤다
그토록 커지던 아름다운 달

달빛이 잎사귀째 떨어지고 있어요
사람들은 나를 광인이라 불렀다

삐에르, 누군가는 뜻을 알아듣는 말을 해야 한단다
어머니는 말했다

지상에서의 일

허벅지 아래 보조기를 꿰찬 남자가
닭장의 규모를 확인하고

늑대 울음을 내었다

차벽에서 골목으로 어둠이 용역처럼 투입되었다
보조기가 튀어올랐다

왜 그는
그를 물었다

인간의 깡패를 목격할 때
달에서 곤봉 같은 목소리가 들려왔다

삐에르! 삐에르! 삐에르!

사람들은 나를 광인이라 불렀다
삐에르, 누군가는 뜻을 알아듣는 말을 해야 한단다
어머니는 말했다

그렇지만 밤낮으로
라디오를 들었다

아, 당신이여, 우리, 형편없는, 인간들, 아니며, 우리가,
우리, 경멸하는 자, 못하지 않다, 것을, 증명해줄, 은총을,
내려주소서

지하생활자들과 함께
삶은 한층씩 충실해졌다

남자는 얼음을 삶는다
여자는 불을 씻는다
사람들은 삶은
얼음과 불 사이에 폭약을 숨기는
급진주의를 실행한다

푸른 돔을 위하여
날아가는 도시락은
달을 배경으로 삼는다

불이 있으라 하니 얼음이 있었다

나는 지금까지
살아 있는 암호를 전개했다

어머니는 말했다
삐에르, 누군가는 뜻을 알아듣는 말을 해야 한단다

그러니까요

밤낮
라디오를 들었다⬚

⬚ 거기, 누가 있습니까? 사람의 목소리가 들려왔다. 이야기는 가
지 않은 길을 기준으로 접선한다. 푸른 돔을 향하여 삐에르는 일
용할 양식을 들고 광인을 빠져나왔다. 몇세기 만의 일이었다. 사
람들은 삐에르를 광인이라 불렀다. 삐에르, 누군가는 뜻을 알아듣
는 말을 해야 한단다. 어머니는 말했다. 이것이 여섯번째 열쇠다.

◊ 박물

시인을 관람했습니다

한밤에 떠오른 시인은 형용할 수 있던 사람을 잃고 먼지가 되어 유리관 속을 부유했습니다

어둠에 힘입어 빛을 기록했습니다

이반
나는 너의 어린 시절 이야기가 좋아

퇴역군인인 촐 씨를 보러 갔어요 겨울이었어요 침대에 누운 촐 씨는 다 죽어가고 다 죽어가는 촐 씨의 인중에 겨울 빛이 내려앉았어요 추워요 짙은 먼지를 보며 말했어요

마음을 들려주세요
발을 잃어버릴 때는 사람을 죽였단다

◊ 이것은 시인의 최후입니까? 시인의 최초입니까? 이반이 물었다.
　그는 봉인된 시간을 덮었다.

촐 씨가 재채기하자 먼지들이 ㅅㅅ 공중으로 흩어졌어
요 콧수염의 퇴역이란 역시 시적일 수밖에 없다고 생각하
며, 저는 죽은 소년답게 희고 얇은 커튼 뒤로 가서 콜록거
렸어요 콜록, 촐 씨 시를 읊어주세요

이반
나는 혁명이 아니라 사랑을 들려주마

네가 태어나기도 전에 내가 먼지로 이루어진 콧수염으
로 짙었을 때 ㅅ의 어느 늦은 밤에 죽어가는 이반은 내게
자신이 쓴 「이반의 어린 시절」을 들려주었단다 이반의 마
음에 대한 것이었지 겨울이었단다

엄마, 저기 뻐꾸기!
얼음이 눈을 번쩍 뜨고
이반은 물속에서 저만치 흘러갔어요
죽은 사람들이 가는 죽어버린 숲까지
꿈을 물이라고 발음하는 곳까지

나는 이반이 들려주는 물을 물끄러미 듣고 출렁이고 재
채기하고 그때마다 짙은 먼지는 공중에서 y y 흩날리고 나
는 살기 위해 몇번씩 얼어 죽은 이반에게 이반의 어린 시
절 물을 들려달라고 할 수밖에 없었지

　이반
　나는 끝내 이반에 관하여 쓴다

　사람들은 손가락질한다

　저 시인을 봐
　저 먼지 구덩이 같은 눈동자를 봐

　불길해
　지옥의 개들을 몰고 올 거야
　엄지가 네개

　사람들은 이반을 장미와 가시 유리관에 가두고

잊고

머지않아
인류는 밤으로 뒤덮이고

관 뚜껑을 열고
불을 일으키는 자를 노래하리니

촐
먼지로 흩어진 자여

먼지에 처음으로 순응하고
빛을 향해 가장 먼저 손가락을 펴는 자여

장밋빛 피가 수북한 관에서
불이야 외치는 자여

저기
뻐꾸기!

시인을 모두
관람했습니다

유리관을 향해 벽돌을 던졌습니다 하나의 체제가 와장
창 무너져내렸습니다 먼지를 일으켰습니다 이반의 짙은
물이 평화롭게 흩어지며 어린 시절 콧수염을 회복했습니
다 겨울이 빛이 시간이 그곳에 가만히 내려앉아 다음 관람
객을 기다리며 불타고 있었습니다 ◊

◊ 이것은 시인의 최초입니까? 시인의 최후입니까? 그가 물었다.
이반은 봉인된 시간을 펼쳤다.

*조선마음 3

꿈이 아니라 죽은 사람들만이 와따루를 검은 빛이라고 불렀다. 검은 빛은 배우였고 죽었던 사람이라면 누구나 검은 빛 영화를 보았다. 어려서는 몰래 자라서는 앞과 뒤로 돌려 보았다. 검은 빛은 오랫동안 빛을 세우는 사람. 한번에 두번씩 빛을 발산하는 사람. 영화가 끝날 때까지 검은 빛은 단단하게 살아남았다. 모두가 죽을 때에도 검은 빛은 살아남아 아름다웠다. 아름다웠으므로 쭈글쭈글하고 거무죽죽한 사람들만이 검은 빛을 동경했다. 검은 빛은 동경에서 태어났다. 태양과 지구와 달이 순서대로 한 직선 위에 놓이는 때. 검은 빛은 부두에서 자라났다. 부두의 육체노동자들을 아버지로 두었다. 부두의 남자들이 모두 너의 아버지란다. 검은 빛의 어머니는 말했고 검은 빛은 씩씩하게 그 사실을 사실로 여겼다. 검은 빛은 부두의 남자들을 향해 고개 숙였다. 그 자세가 검은 빛을 부두의 남자로 만

　＊ 조선은 마사끼 코우의 명복을 빌었다. 망가를 그리기 시작했다. 검은색과 흰색으로 이루어진 그림이었다. 빛이 들었다. 빛은 어디에나 있으므로 그림자는 밝았다. 그게 조선의 마음을 작아지게 했고, 작아진 마음 때문에 조선은 작은 것을 이룰 수 있게 되었다. 명복이란 죽은 뒤에 저승에서 받는 복이다.

들었다. 부두를 떠날 때까지 검은 빛은 부두의 근육으로서 일했다. 남자들의 의리 의리는 드넓어졌다. 검은 빛을 찾아온 이는 망원경을 들고 검은 빛을 멀고도 가까운 부두 밖으로 인도했다. 검은 빛은 두번 다시 부두로 돌아오지 않았다. 검은 빛 사라진 부두는 여자들 마음으로 마음대로 되었다. 밖에서도 검은 빛은 어머니와 아버지들을 생각하고 헐벗고 돈을 벌었다. 검은 빛의 첫 영화에 부두남이라는 제목이 붙은 건 당연했다. 이후, 검은 빛은 남자 시리즈를 찍었다. 여러 남자를 거쳐 검은 빛은 점점 더 어두운 빛나는 사람이 되었다. 그런 그가, 오늘날, 스물몇해의 생일을 맞아 털썩 풀죽었다. 맹장염이었다. 검은 빛은 사람들 앞에서 설 수 없었다. 빛낼 수 없었다. 검은 빛을 기억하는 죽은 이들이 그 작아진 불능을 안타까워했다. 계획이 생겨났다. 시간을 모으지 맙시다. 빛을 가두지 맙시다. 불알을 가진 남자들의 말들은 달려나갔다. 죽은 전세계가 검은 빛을 보았으므로. 우리 모두 우리의 죽어 있는 빛을 꺼내놓읍시다. 토의했다. 합의했다. 정의했다. 마음과 빛을 꺼내놓고, 검은 빛을 위한 영상을 찍었다. 한날한시에 빛을 일으켜세운 이들의 살아 있는 영상은 빛났다. 앞에서, 뒤에서, 좌우에서, 아래에서, 위에서, 빛은 있는 힘을 다해 빛을 발산했다. 빛이 터져나온 곳에서 희디흰 사랑이 망울지고 흘렀다. 그 흰 빛 검은 빛은 아무런 말도 할 수 없었다. 검은 빛은 자기 죽음을 죽음이기에 비극적으로 자연스러워했다. 검은 빛은 자신의 곁에 앉은 조선 사람의 얼굴을 바라보다 눈을 감았다. 마지막 꿈을 들려주었다. 흰 호랑이가 내게로 천천히 다가왔어. 내 앞에 가만히 앉아 있더니 갑자기 검은 용이 되어 굉장한 기세로 승천했어. 흰 호랑이는 좋은 것 같은데, 검은 용은 어떤 걸까.**

** 마사끼 코우는 대사를 읊조렸다. 조선의 흰 말들이었다. 자신이 했던 검은 말들이기도 했다. 죽은 뒤에, 저승에서 받는 복, 마사끼 코우는 저승에서 어떤 복을 받게 될까 생각했다. 조선 냄새가 물씬 나는 조선 마음을 호위했다. 꿈이 아니라.

✛순수문학

에게 자지?
사람의 다리가 생각나는 밤

먹다 남은 무를 보며
아, 슬픈 치맥이라는 말을 해보는 것이다

해본다고 달라지는 것은 없지

항문섹스도 인권이냐
인권에 대하여 항문을 고려하는 밤

아, 슬픈 조국의 후장이라는 말을 또한 해보는 것이다

자지?

✛ 자니? 중국에서는 소서 무렵의 15일을 3후로 나누었는데, 초후
(初候)에는 따뜻한 바람이 불어오고, 차후(次候)에는 귀뚜라미가
벽에서 살며, 말후(末候)에는 매가 새를 잡기 시작한다고 해. 한
밤에 세탁기 돌아가는 소리가 여름의 덥고 흰 과일에 가깝다.

어느날 밤에 어디서
두 눈을 똑바로 뜨고

엄마 때문에 죽고 싶다는 동성애자를 먹으며
죽여버려 엄마를

아, 슬픈 고시원의 맛이라는 말을 삼켜보는 것이다

삼킨다고 달라지는 것이 있다는 걸 알면서도

모든 아침에
죽어 있는 것을 주무르며

아, 나
슬픈

출근하는 자지라는 말을 해보는 것이다
서 있는 자여

나의 에게
슬픈
무얼 먹고 사나
나의 에게
슬픈
어디에 써먹나
나의 에게
슬픈

해본다고 달라지는 것이

매미, 나의 슬픈
백과, 나의 슬픈

지금 넣을까?
빨래를 널고 덥고 흰 물을 버리고

벌어지는 사람의 다리를 오므리는 밤을
해보는 것이다.

✿ 몸이 아니라 마음이 아니라 영혼 같은 것도 아니라, 정신과 언
어. 그곳은, 그곳을, 더럽히고 싶다. 더럽혀지고 싶다는 생각을 한
다. 남자와 남자는 덥고 흰 무를 앞에 두고 죽은 사람의 얼굴을
앞두고 있다. 구름은 달에 가려 달은 보이지 않는다. 귀뚜라미 서
서 운다. 지금 걸어갈게.

*신년

두개의 문이 있는 공원의
두 문 앞에
두 문을 가진 눈이 내렸다

두 문 두 문

우리는 늙은이들처럼 눈 속을 걸어갔다
늙은이들이 손을 잡고 눈 속을 걸어갔다

같이 불꽃놀이를 보겠소
우리 늙은이들은 문을 지나갔다

우리는 앞섰고 늙은이들은 언제나 뒤에
서서 눈 속을 걸어가는 일일 뿐이었다

밤이 떴다

* 그때 희미하기도 하지. 눈은. 우리의 정령이 우리에게로 다시
  찾아와 말하길, 오늘밤 절대 뒤를 돌아보지 마라. 우리를 만나 몸
  을 섞게 되리니.

우리와 늙은이들은 자정에 주목했다
묘비 앞에서 겨울과일을 나눠 먹었다

시침을 뗄 수 없었다

겨울과일의 과즙으로 인생을 바꿀 순 없지
그러나 겨울과일의 과즙에 걸 만한 것이 또한 인생 아
닌가

늙은이들은 시간을 낭비할 줄 알았다
우리는 시각적으로 보잘것없어졌다

눈은 조금씩 흥건해졌다
눈은 조금씩 온건해졌다

사회라고 증언할 수 있는 일이
광장에서 터졌다

우리 늙은이들은

누워서
바지 속에 손을 넣었다

두 문 두 문

동시에 불발됐다
새로운 하늘을 보았다

밝기도 하지
우리와 늙은이와 상관없이
누군가는 먼저 눈감게 될 것이다

검기도 하지
늙은이들에게는 외로워진 손가락들이 있었다
하얗기도 하지
우리는 비석 위로 터져나오는 것을 향해 가장 희게 웃
었다
어둡기도 하지*

✸ 우리의 정령들은 폭죽이 쌓인 낙원을 지나서 시네마떼끄를 지나서 오랑주리의 우리에게로 날아들었다. 선명하기도 하지. 눈은. 우리는 흰 것을 머금고 실체들과 뒤섞였다.

∫ 이것은 뮐러다

　사랑 그곳엔 두개의 의자 사랑 그곳엔 두개의 의자에 앉은 세 사람 사랑 그곳엔 두 손 사랑 그곳엔 잡은 두 손과 잡힌 두 손과 남겨진 두 손 사랑 그곳엔 두개의 의자에 앉은 세 사람이 잡은 두 손이 "너에게 사랑받을까봐 두려워."라고 말하는 입술이 벌어져 있다 사랑 그곳엔 벽에 부딪치는 사건들이 사랑 그곳은 응시 사랑 그곳은 두 남자 사랑 그곳은 두 남자가 나누는 키스 사랑 그곳은 포개진 입술 "좀더 멀리 와, 좀더 가까이 가버려." 사랑 그곳은 틀린 말 사랑 그곳은 한 사람 사랑 그곳은 손가락질받는다 사랑 그곳은 맹세 사랑 그곳은 선언 사랑 그곳은 정의 사랑 그곳은 폭삭 늙어간다 사랑 그곳은 탄생한다 사랑 그곳은 목 사랑 그곳은 손 사랑 그곳은 맨발 사랑 그곳은 꺾이고 가늘어지고 시간을 밟고 움직인다 사랑 그곳은 고개 숙인다 사랑 그곳은 날씨 머지않아 눈보라예요 사랑 그곳은 다시 나뉘는 입술 사랑 그곳은 다시 눈 돌리는 사람 사랑 그곳은 먹고 마시고 춤추게 하라 사랑 그곳은 발가벗지 않는다 사랑

　∫ 커피 한잔 주세요. 진하게 드릴까요? 아니요, 흐리게, 흐리게 해주세요.

104

그곳은 삽입하지 않는다 사랑 그곳은 삭제되지 않는다 사랑 그곳은 호명한다 사랑 그곳은 세 사람 사랑 그곳은 과거로까지 희고 어두운 곳까지 긴 슬립 사랑 그곳엔 오직 이마주만이 살아남는다 사랑 그곳으로 눈을 돌린다 사랑 그곳으로 잘린 상반신과 잘린 하반신이 드러눕고 사랑 그곳으로 기어가는 악어의 꼬리 사랑 그곳으로 한 남자가 모자를 들고 서서 사랑 그곳으로 애도하는 사람들이 하나둘 셋여섯열 사랑 그곳으로 검고 투명한 물이 사랑 그곳으로 그려놓은 얼음이 사랑 그곳으로 "사랑받고 싶지만 사랑받고 싶지 않아요." 사랑이 그 모든 시간을 빙 둘러보고 사랑은 그곳에서 의자를 치우고 한 사람에게 한 사람을 안게 하고 그 사람이 바닥으로 떨어질 때 한 사람은 그 사람을 주워 한 사람에게 안기게 하고 그 모든 걸 한 사람의 과거가 보게 하고 그 과거로부터 사랑은 사랑을 갈구하고 외면한다 사랑은 한 사람 사랑 그곳으로 머리를 산발한 현재와 머리를 풀어헤친 과거와 머리가 없는 미래의 시간이 흘러오고 사랑 그곳으로 한마리 거대한 하마가 느릿느릿 걸어온다, 걸어간다, 쓰러지고, 눈 감는다 사랑 그곳으로 뼈만 남은 사람이 뼈만 남은 사람에게로 뼈를 보여주며 뼈로 남

는다 담배의 뼈 커피의 뼈 까페의 뼈 시간의 뼈 사랑의 뼈
뼈를 위한 꼴라주 뼈로부터의 몽따주 뼈가 없는 무대미술
빈딩 오비드 베데킨트 헨리 퍼셀 "와인 조금만 더. 그리고
담배 한개비만. 하지만 아직 집에는 가지 않을래요." 사랑
이 무대 위로 오른다

49일 후에 그는 여자가 되었고, 시간의 생식기는 기능을
잃었다 사랑 그곳엔 살아 있는 사람과 죽은 사람 세마리가
아리아처럼 누워 있다

2막♪

♪ 담배 한대 주세요. 흐리게 드릴까요? 아니요, 진하게, 진하게 해
  주세요.

제 3 부

침묵 흐르고 꽃나무 흔들리고

오랑주리

새

모든 새는 물질을 흡수한다 새는 한목소리를 가지고 있지 않다 새의 경력이란 것이 있기 때문이다 경력이란 시간과 관련이 있다 새는 거의 시간처럼 보인다 새는 관련된 이미지 대신 관련 없는 영감을 숙지하고 있다 새에게는 빛 또는 화학에너지가 필요하다

숲은 남자를 앞두고 있다△

광선

가장 아름다운 부위를 꿈꾸게 해줘 새는 녹색 광선 아래 지저귄다 새는 아름다움으로 이루어진 물질이다 아름다움은 깃털로 이루어지지 않는다 낮잠은 피와 살을 이루는 경력이다 꿈은 깃털의 광합성을 완성한다 새의 눈 속에 졸린 빛이 가득하다

△ 카메라는 숲을 멀리서 잡는다. 남자도 멀다. 그러나 이내 남자와 숲이 가까워진다. 씨네마떼끄가 보인다.

광선은 남자를 흡수한다△△

지중해

부디, 프로방스의 새는 불확실하니 시간 관계상 준비된 것을 다 들려줄 수 없니 슬픔이 새가 가진 경력의 클라이맥스라는 것을 누가 거부할 수 있겠니 꿈은 시간에 충실하다 십분간 영감을 보장한다 슬픈 새는 거의 동시에 슬픈 나뭇가지를 바라본다 존재는 알레르기처럼 호흡기를 순환하니
나뭇가지는 남자를 흔든다△△△

△△ 카메라는 눈 감은 남자를 잡는다. 잠과 죽음에 관하여 카메라는 말해주지 않는다. 그러나 이내 남자와 꿈이 눈을 뜬다. 남자는 푸른 물에 담겨 푸른 깃털을 가지고 있다.
△△△ 카메라는 새의 눈동자를 가까이서 잡는다. 남자는 새처럼 표정을 짓는다. 그러나 이내 오렌지 한방울이 떨어진다. 새는 발생하지도 않았는데 남자의 깃털들이 꿈 밖으로 날아간다. 남자는 뜬눈으로 있다. 오랑주리가 나타난다.

✧ 황혼의 빛

눈먼 사람의 손을 잡은
눈앞의 사람

두 사람 저 아득히 먼 거리
카네이션 두송이는 어디에서 오는 걸까

겁먹지 마
한때 나는 예쁜 발을 가지고 있었지

영혼이 깊숙한 눈동자인 것처럼

보이는 사람은
얼어 죽은 새에게 먹이를 준다

보이지 않는 사람은
푸른 병을 붉게 커튼을 연다

✧ 한겨울에 밀짚모자꽃이 피었다. 눈사람이 벌어졌고, 두 사람은
   그 사람을 아키 카우리스마키라고 불렀다. 두 사람은 손을 녹였다.

누구라도
여기

빛이 있으라 하니
빛이 있었다◇◇

◇◇ 아키 카우리스마키는 집으로 들어갈까 생각했다. 밀짚모자가
그늘을 만들며 땅으로 내려앉았다. 두 사람은 향기를 보았다.

⬦조류사

노인은
색으로 둘러싸여 있다

그것은 흰색에 지나지 않는다

새는
질감에 휩싸여 있다

그는 간신히 인간일 수 있다

새장 속에
죽어 있는 것

⬦ 바닷가에 앉아 있는 흰 새와 바닷가에 앉아 있는 흰 노인을 번
갈아 보고 있으면 바닷가는 앉아 있고 흰 새와 흰 노인이 밀려오
고 밀려가는 것을 알 수 있다. 조류의 영향이다. 날아오르는 파도
와 내려앉는 파도를 번갈아 보고 있으면 흰 새를 안아 흰 노인인
사람이 흰 새에게 안겨 흰 노인이 되는 것을 볼 수 있다. 그림 같
은 일이다.

새는 새소리를 낸다

노인 속에
죽어가는 것

노인 소리를 낸다
침묵하고 있다

사람을 찾아볼 수 없다▽▽

▽▽ 흰 새들이 일제히 날아오는 것을 노인의 눈동자는 본다. 희
다. 밀려가는 새의 날갯죽지와 밀려오는 노인의 눈동자는 일제
히 희다. 조류의 영향이다. 바닷가에 앉아 있는 흰 새와 바닷가에
앉아 있는 흰 것을 번갈아 보고 있으면 노인은 바닷가에 앉아 있
는 흰 노인이 되어가는 것을 알 수 있다. 흰 새가 저만치 물러설
때 노인은 흰 노인에게서 무언가 빠져나간다는 것에 빠진다. 그
림이다.

⊗강령회

영혼은 어떻게 생겼을까요?

숲속에서 벌어지는 일입니다
모두 원탁에 둘러앉습니다

물은 보이지 않고
소리는 흐릅니다

흘러가는 물질이란
듣는 것

숲은 들리지 않습니다
나뭇잎들은 사시사철 흔들릴 뿐입니다

흔들릴 때 보이지 않는 것
무거운 것에 그들이 삽니다

⊗ 하루는 빗속에 영들이 있었다. 흰 보자기를 뒤집어쓰고 비를
쫄딱 맞고 뒤꿈치를 들고 너 나 할 것 없이 진실의 기체를 뿜내며
인생을 구경하며.

살고 죽는 일
보이지 않는 것으로 주문을 외웁니다

영혼은 흔들리지 않습니다
몸이 느껴질 뿐입니다

사람들이 하나둘 나타납니다
뭉게구름이 몸 밖으로 빠져나옵니다⊗⊗

⊗⊗ "저기 사람의 콧구멍에서 나오는 것 좀 봐." 물에 빠진 생쥐
같은 가난한 아이들이 유리창에 코를 문지르며 소리치고 있었
다. 영들이 벽을 쓱 통과해갔다. 아이들이 하나둘 사라졌다.

소년이 든 자루

소년들은 초를 들고
밤을 따러 갔다

바닥에 떨어진 밤을
흰 자루에 주워 담고

자루가 볼록해질수록
밤은 쌓여

소년들은
밤길에 휩싸이는 줄도 모르고

밤 한자루면
몇개의 황금빛 동전을 구할 수 있나

소년들은 소년들을 샘해

◆ 초를 켜면 유니콘들이 나타나 소년의 둘레를 빙글빙글 돌았다.
　소년은 어리석고 더러우니까. 그것은 오래전부터 내려오던 풍습
　이었다.

숲에 부러진 촛농이 떨어졌다

붉은 자루가 묵직해졌다
금기시되었다

밤이
하나 되었다♦♦

♦♦ 초를 켜면 소년들이 나타나 불의 둘레를 빙글빙글 돌았다. 불은
현명하고 깨끗하니까. 그것은 오래전부터 내려오던 풍습이었다.

⁺무서운 꿈

이불 속에서
눈물이 흘러서

눈을 떠보니
눈이 쭈글쭈글해져 있었다

잠든 어머니의 입속에서
몰래 불을 꺼내 양초에 붙였다

그림자 뒤로 사라졌던 문이
이불 속으로 다시 나타났다

가버려
미래는 그렇게 간다

눈이 점점 시들어서
눈동자가 툭 떨어지기 전에 안경을 써야지

⁺ 당신 목소리 뒤엔 우리가 있어요.

앵무야
오늘은 마음에 관해 들려줄래

마음을 들려주면 무얼 줄래
구할 수 있는 건 밤뿐이야

그럼, 마음을 줄 테니
밤을 다오

아버지는 어디 계시니? 잠든 어머니가 입을 떡 벌렸다
저기요 나는 벽난로 쪽으로 손을 떨어뜨렸다 아직도 불타
는 밤에 계시다는 거니? 어머니는 눈을 다물었다 네 아직
도요 검은 나귀를 탄 아버지는 불길 속으로 들어가지도 불
길 밖으로 나오지도 못하고 있었다

맑은 것을 쓰고
촛대와 보릿자루를 들고

이불 밖 눈 덮인 숲 하얗게
불타고 있는 것들이 밤이었다

밤은 불을 만나
물을 만든다

물은 딱딱한 돌
한번에 여러번 죽어간 인간들을 보면 알 수 있지

보릿자루를 풀었다
묶었다가

하루아침에 생명을 다 썼다

죽은 사람이 산 사람의 머리를 만지면
영혼이 빠져나간다고 하던데

아들아, 내가 너를 이렇게 예쁘게 낳아놨는데, 네가 다
망쳐놨구나。

✚ 자, 이제 밤을 다오. 지금부터 당신 목소리는 본격적으로 밤이
된다.

『조선마음 5』

보시오. 나는 벌레 먹은 사내요. 배꼽 위로 잔망스러운 구멍들이 숙덕숙덕 피고 있소. 지난겨울부터 나는 군소리 없이 병상에 누워 똥오줌도 가리지 못하고 얼룩덜룩 피를 토했다오. 귀신을 보았소. 눈보라 속에서 죽고 싶다는 생각을 해보았소. 그놈의 귀신 같은 눈보라. 봄이 왔나보오. 들창을 좀 열어주시오. 혓바닥을 빼물고 볕 쬐며 생기로워지고 싶소. 왜 아니겠소. 마지막으로 똥을 지르르지르르 싼 게 지난겨울의 예순네번째 날이었고 똥구멍이 빠질 정도로 피를 시원하게 닦아냈으니 말이오. 그래, 나는 이제

꽃나무에 관한 것이라면 해경을 생각한다. 해경에게는 꽃나무가 없고 꽃이 있다. 해경은 꽃을 들고 있고 나무는 부러진다. 부러진 나무로부터 올 수 없는 것이라면 해경을 생각한다. 해경에게는 마음이 있고 나무는 없다. 해경은 몸을 갖고 있고 마음은 부러진다. 부러진 마음에 관한 것이라면 해경을 생각한다.

해경도 생각하는 것이다. 그의 마음을. 그의 마음에 관한 것이라면 아내를 생각하는 것이다. 아내에게는 시간이 없고 공간이 있다. 아내는 시간을 허리에 두르고 있고 공간은 모퉁이다. 모퉁이로부터 오는 것이라면 아내를 생각한다. 아내에게는 찬밥과 더운밥이 있고 밥은 없다. 아내는 밥으로 부러진다. 부러진 밥에 관해서라면 남자는 남편을 생각한다.

시원찮은 시 따위는 내팽개치고 마뜩찮은 사랑 따위도 내팽개치고 하찮은 슬픔이나 고독 따위도 내팽개치고 거 변변찮은 죽음도 일찌감치 내팽개치고 싶소. 살고 싶소. 살아야겠소. 목구멍으로 밥을 쑤셔 넘겨야겠소. 왜 아니겠소. 그 기생오라비 같은 의원 놈이 당장에 궐련을 끊지 않으면 죽으리오 하였네만 내 살고, 술독에 빠져 허우적거리다 인생 종치게 생겼소 하였네만 내 살아 있잖소. 나는 살아 있단 말이오. 나는 살아서 벌레 먹은 사내요. 창문을 좀 열어주시오. 그래, 봄볕도 뭐 이리 좋은 봄볕이오. 나는 오래 살고 싶소. 오래 살아보고 싶소. 가늘고 길게. 비 오는 날 하릴없이 처마 밑에 앉아 한 아해가 있고 두 아해가 있고 세 아해가 있음을 헤아리고 싶소. 레몬 향을 맡고 싶소. 날고 싶소. 나는 벌레 먹은 사내가 되었소. 배꼽 위로 덕지덕지 번진 검은 피멍을 보며 나는 살고 싶다고 말하고 있소만 쇠붙이 안경을 쓴 족제비 같은 의원 놈이 조금 전 다녀가며 말하길, 이 글쟁이 양반아, 사는 게 예삿일인 줄 아오, 당신은 곧 죽어 나갈 테니 마음의 준비를 하시오 하는 게 아니겠소. 이제 이 커다란 흰 병실이라고 하는 곳에는 나 혼자요. 흰 천은 내 머리끝까지 덮일 것이오. 아무도 오지 않을 것이오. 허나 나는 오래 살고 싶소. 오래 살아보고 싶소. 가늘고 길게. 그래, 병상에서 일어나보니 나는 벌레 먹은 사내가 되어 있지 뭐요. 배꼽 위로 봄이 왔소. 삶은 일찌감치 나를 내팽개쳤네만 봄이 와 좋다는 게 좋소. 몸에 좋은 벌레라도 잡아먹고 조금만 더. 시 한수를 읊어주고 싶소. 나는 벌레 먹은 사내요. 배꼽 위의 검은 나뭇잎들이 얌전하게 내 몸을 갉아먹고 있소. 하릴없이 입을 벌리고 앉아 있으니 한 벌레가 두 벌레가 세 벌레가 기어나와 뚝뚝 지는 것이오.

✢조선마음 6✢✢

옛 남자를 생각한다

가령

낙엽이 떨어졌어
낙엽을 주었구나

옛 남자는 옛 생각을 말한다
불멸이 그것이다

✢ "좀더 멀리 와, 좀더 가까이." 흩어진 꽃잎을 보았고 실수로 손
목을 그었다. 비로소 실감났다. 잠이 깰 때까지 누워서 죽은 남자
와 산 여자의 목소리를 들었다. 내일만 지나면 더는 희고어두운
지빠귀가 되지 않겠다. 순정이 떨어졌다. 순정은 어디에도 떨어
지는구나. 순정은 어디에서든 밟히는구나. 남자는.
✢✢ 피곤한데 불을 꺼도 될까? 그럼. 너무 멀리 가지 마, 좀더 가
까이 와. 마음을 들어. 그 빈민가 같은 마음이 들어. 이곳은 아주
컴컴하고 희구나. 빛이 없구나. 어둠으로 환하구나. 잠이 들 때까
지 산 새들의 목소리를 듣는다. 침묵이 흐르고 꽃나무를 흔들고
순정을 뚝뚝 버린다. 더럽혀질 거야. 불멸의 손목에서 피가 흘러
나왔다. 남자는.

지금은 닫혀 있으나
곧 열리게 될 저 물건의 뒤

유리창이 있다
지금은 부서지지 않았으나

훗날 부서지게 될 저 물건의 뒤에
허공이 있다

허공으로 붉은 옛날이 멀쩡히
지나간다

가령

낙엽이 멀어졌어
낙엽을 계속해보겠니

옛 남자는

정신에 의해 만들어진 얼굴

노래하던 죽은 사람에 관하여
남는 시간을 내게 주세요

가령

낙엽이 멀어졌어
낙엽은 하얘지는구나

죽은 사람의 얼굴로
죽은 사람이 금이 간 불멸을 깨뜨린다

옛 남자는 옛 남자에 가려
아무것도 보이지 않는 가운데

이제 희다 생각하며 슬프다

§가슴에 손을 얹고 §§

이것 보시오
서기 양반

가슴은 참으로
불편하다

여자는 아무런 이상이 없다

여자는 생생하던 가슴을 자른다
가슴이 사라진 자리에서 여자는 여자로 태어난다

스스로 가슴이 없는 여자는

§ 법정에 선 것은 꽃이다(꽃을 거부합니다). 꽃은 하얀 꽃잎 속에
서 벌어진 나비와 벌어진 노랑 무늬 속에서 털이 자란 검은 동굴
을 공연하였다(나비와 동굴을 거부합니다). 가슴 없는 꽃은 세계
의 기원을 가질 수 없다(가슴을 거부합니다, 고로 나는 존재합니
다).
§§ 밤이 되자 시는 어둠을 밝힐 수 있을까? 궁금해졌습니다. 시 하
나를 꺼내 촛대에 꽂아 태웠습니다. 시는 어둠을 밝혔을까요? 남
자로서 가슴이 있었으면 하고 생각한 건 존재였습니다.

유일하게 행복하다

유일한 행복이라면 남자도 그럴 것이다

남자는 자지로부터 멀리 가려 한다
남자는 가슴을 유입한다

가슴 속에는 인공이 들어서지만
남자는 천연하게 브래지어를 착용한다

뜻대로 가슴을 얻은 남자는
그제야 아, 나는 조선의 남자구나 가슴에 손바닥을 올
린다

충만한 여자와 멀어진 남자가 만나
자리마다 사랑이어라

두 사람은
이제부터 자기를 호명하기 위해 존재한다

여자와 남자와
싸운다

여자와 남자는 싸울 때
성기를 완성하므로

여자와 남자는
가슴 없는 보지와 자지 달린 가슴을 전시한다

자리마다 투쟁이다
투쟁은 사회적인 동물이다

이때 역사는, 조선의 역사는
호모들을 호출한다

여자들끼리
가위치기를

남자들끼리
오, 오럴섹스를

내가 조선의 호모다
조선 남녀들은 무쌍한 젖꼭지와 배꼽을 드러내고

이러므로 우리가 하나님께 쉬지 않고 감사함은 너희가
우리에게 들은바 하나님의 말씀을 받을 때에 사람의 말로
아니하고 하나님의 말씀으로 받음이니 진실로 그러하다
이 말씀이 또한 너희 믿는 자 속에서 역사하느니라

새로워진 남녀와 손잡는다
십자가로 십자가를 회수한다

이름 없는 것들이 이름 지어진 것들과
만연한 이름을 소환한다

이것 보시오
재판관 나리

≒일요일 아침 태현이는

새로운 세계를
한다

세계를 불러오고
지형이 생성된다

어른들에게
영양가 있는 세계를 만들어주신다

오징어와 양과 동굴거미와 오실롯
전지구적인 살림을 차린다

아이는 전지전능에 맛들어 있다

≒ 전기를 사용한다. 전기를 사용할 때 아이들은 밤과 식물을 생
각하지 않는다. 흘러오고 흘러가는 것에 있어 아이들은 자유롭
다. 자유로울 수 있어서 아이들은 맨손과 맨발이다. 거기에 힘이
아니라 파워가 있다. 에너지라고도 부를 수 있다. 에너지가 꽉 차
있다. 아이들은 일요일 아침, 쓴다. 전기를. 시간의 영양가를. 자,
이제 우리 산다.

아이는 신에게 도전하지 않는다
신을 모를 뿐

그리하여 아이들은 언제나 신의 가장 강력한 적

아이는 일요일 아침을 세계화하는 데
쓴다

그림일기는
꼬맹이들의 몫

아이의 왼쪽 팔 옆에는 딸기스무디가
엄마와 형이 있고

아이는 영양가 있는 세계라는 말을
배워서 곧이곧대로 사용한다

어른들은 영양가라는 말에 사족을 못 쓴다

아이는 파괴한다
영양가를 설계적으로 획득한다

바다의 지형부터 솟구치게 하고
종을 하나둘씩 멸한다

아이는 새로운 세계를 저장하지 않는다

세계 따위를 종료한다는 것에 대해
어린 인간들은 운명적이다

일요일에 아이들은
영양가 있는 짜장면과 탕수육을 먼저 먹는다

어른들은
신문을 깐다

는 전기를 쓴다. 전기를 쓸 때 아이들은 꽁치찌개와 비엔나소시지를 생각한다. 끓어오르는 것과 식어가는 것으로부터 아이들은 멀리 있다. 본질에서 아이들은 파워가 있다. 파워를 쓸 수 있어서 아이들은 모래성을 부수고 상대방의 에너지를 닳게 한다. 아이들은 일요일 저녁, 쓴다. 오징어, 양, 동굴거미, 오실롯. 자, 이제 우리 죽는다.

◎ 석류의 빛깔

소년이 서 있었다

목이 새카맣고 긴
소년의 손에는 투명한 것이

깨졌다
따뜻한 산양의 젖이

말갛고 흰 것이로구나
소년의 심장은

소년은 화약을 닦아냈다

소년은 지난날 손목을
바지 속에 넣고

◎ 소년은 칼을 들어 장미를 두쪽으로 가른다. 소년에게 장미 반
쪽을 건넨다. 소년은 장미를 한입 베어 물고 소년의 흰 목덜미로
장미의 빛깔이 흘러내린다. 소년은 그 빛깔을 핥고 싶고 소년은
씨앗을 퉤 뱉을 뿐이다. "내게 있어 삶과 영혼은 고문이다."

소년은 유리알 두개를 어루만졌다

산양의 젖이 흘러가는 곳으로
두 눈은 동그랗고

눈이 참 삼삼하누나

소년은 막사로 내려가며
장미행진곡을 불렀다

하지만 석류가 익어가는 계절은 돌아오리니

소년은 영원히 멈췄다◉

◉ 예언자는 "질투와 증오를 없애려면 장미를 없애라"고 말했다.
소년은 뒤를 돌아본다. 젖은 바지 속에 젖은 유리알을 가지고 있
다. 소년은 소년을 생각한다. 소년은 칼을 간다. 소년은 젖을 밟
고 선다. 소년과 소년이 하얀 발로 서로에게 장미를 겨누고 선다.
소년은 칼을 들어 모든 걸 지운다.

❖은판사진❖❖

그녀는 안개가 되어간다

배가 나오고
안개가 가득하다

그녀가 숨을 내쉴 때마다
안개가 흘러나와

나는 남길 게 아무것도 없어요

❖ 에밀리를 펼치고 빛나는 것을 생각하면 사라지고, 어두운 것을
생각하면 나타난다. 지금의 노란 별을 영원히 기억하세요. 영원
은 얼마나 쉬운가. 햇빛, 순간. 마른 두부에 녹말을 묻혀 지져 낸
후 실파를 끓는 물에 데친다. 영원두부전골이라 부를 수 있다. 영
원은 얼마나 먹기 좋은가. 햇빛을 어슷썰어 씨를 턴다. 영원할까,
우리.

❖❖ 오늘밤 새 이빨이 돋는 모든 척추동물에게 축복을. 부러져서
다시는 올 수 없는 것으로부터 편안한 잠을 이루기를. 흰 참새가
물어 가는 흐릿함과 물고 오는 선명함으로 나타나길. 갑자기 죽
어버린 소녀와 서서히 죽어간 외할머니의 복됨을 전수하길. 에
밀리를 덮으며 빛나는 것을 생각하면 어둡고, 사라지는 것을 생
각하면 나타난다.

그녀가 넘게 될 사실은 안개에 사로잡히고

그녀의 긴 레이스는
안개의 형상을 하고 있다

노란 수선화와 금빛 하프와 흰 참새와 붉은 생선

그녀가 끌고 오는 것
그녀가 밀어내는 것

그녀는 젖은 채로
굳어간다

사라지듯이 나타나는
다게레오타입의 안개

나타나듯이 사라지는
안개의 은촉

그녀는 벗나무 책상을 열고
영원 속으로 안개를 후 불어넣는다

천사들이 우리의 옆집을 빌리기 때문이다

≈유구≈

아득하게
오래다

무덤에서 뛰노는
젖먹이 강아지

작고 검은 것을 볼 수 있는
작고 검고 둥근 것

≈ 아이는 작고 가볍다. 오래지 않아서. 아이는 오래된 것을 생각
한다. 조상님들을 떠올릴 때 아이는 멀리 가지 않는다. 어른들의
시간이 그것을 용납하지 않기 때문이다. 그러나 아이의 시간은
누구보다 오래된 것과 가까워서 아이는 저절로 멀어진 것과 가
까워진다. 아이의 눈동자가 그것을 증명한다. 증명된 눈으로 아
이는 볼 수 있다.
≈≈ 소년은 어린 여동생과는 상관없이 죽음을 생각한다. 오래지
않아서. 소년은 죽음이 작고 가볍다고 안다. 어린 남자와 어린 여
자와 어린 개. 어린 게 그런 걸 생각할 수는 없다고 어른들은 조
상님들의 이름을 가르쳐준다. 그러나 소년의 시간은 누구보다
죽은 것들과 가까워서 소년은 저절로 죽었다 살아난다. 소년의
입술이 그것을 증명한다. 증명된 입술로 소년은 읊조린다.

눈알 한가운데
빛이 들어가는 부분의 물결

무덤 안에는
식기와 가구와 옷

죽은 자의 일생을 묘사한 그림들

어린 개는
일생을 생각한다

빛이 사라질 때

영혼이 제대로 집을 찾아올 수 있도록
소리 내어 짖는다

쉿
소녀는 어린것을 안고

하얘진 눈으로
하얀 마음을 생각한다

아득하게 오래된 것
눈을 감은 둥근 것을 쓰다듬는다

살고 죽는 것
아버지와 어머니

오빠와 남동생
조상님들

어린 개는 눈을 뜨고
눈감은 소녀에게 젖을 먹인다

어두컴컴할 때

영혼이 집으로 들어와
옷을 갈아입는다

식기를 내와
젖먹이 강아지에게 맑은 것을 내주고

잠든 소녀를 침대로 옮겨 누인다
살고 죽는 것

아버지와 어머니
어린 누이와 강아지의 누이

조상님들과
두고 온 사람

영혼은 그림 앞에서
일생을 떠올린다

투명한 것을 입에 묻히고
어린 개가 영혼을 올려다본다

빛이 들어올 때

영혼이 두고 온 이름을
짖는다

쉿
들었어?

아이가 무덤 앞에서 형에게 말했다≈

≈ 엄마는 어린 딸의 손을 잡고 살아 있다는 것에 대하여 이야기
해주었다. 옛날 옛적에 조상님들은 죽은 뒤에도 산다고 믿었단
다. 어린 딸이 엄마의 손을 놓고 손가락으로 무덤을 가리키며 말
했다. 웅. 저기서 사람이 걸어나오고 있어요. 엄마는 어린 딸의
손가락을 보았다. 끝까지 가보려고 했으나 그곳은 아득하고 오
래돼서 엄마의 눈은 끝내 어린 딸의 손가락만을 볼 수 있을 뿐이
었다. 어린 딸이 다시 엄마의 손을 잡고 흔들었다. 새로운 곳으로
가요. 엄마.

제 4 부

가만히 흰 말이 가만히 기쁜 말에게 다가간다

빛은 사실이다 ⟫

박근혜가 대통령이 되었다

오늘도
사랑하는 사람들이
슬픈
시를 쓴다

모르긴 몰라도
빛이 묻는다

네 시의 정권은
나를 만나면서도
왜 영원히 어둡니?

⟫ 투표하고 이름 없는 것과 박물관에 다녀왔다. 박물관은 시간
때문에 넓었다. 남들이 보지 않는 역사에서 입을 맞췄다. 무덤을
나오며 팔짱을 뺐다. 쏘맥을 마셨다. 집으로 돌아왔다. 우리는 졌
다. 이름 없는 것이 밤으로부터 흘러나왔다. 근육이 사라진 목소
리였다. 한번도 눈 뜨지 않았다. 역사적인 사건이었다.

나는 동성애자의 손목을 본다
사랑이 연약한 뼈라는 것을 생각한다

나는
빛에게 새끼처럼 매달린다
머리 쓰다듬어줘

끼 부리지 마
빛은 머리카락을 골고루 만져주고
밤이 되고 새들도
벌써 확정이라고 뜨는구나
이름 없는 것이 이름 없는 것으로 날아가 이름 없는 국
가를 이루는 이야기를 들려주고

진실의 열쇠는 둘만이 아는 어둠에 있다

오늘은 혼자 눈 닫지 말자
대통령의 나라를 위해 보건에 힘쓰자

빛의 말씀은
공공연하다

잠 속에서도
우리는 손을 잡을 수 있고
역사의 힘일 수 있고
독재타도 유신철폐
민족해방과 조국통일
구할 수 있는 자가 구하라
노동권을 보장하라
혐오와 차별 없는 세상을 외칠 수 있으나
우리는 눈을 부릅뜬다

지금부터 평등한 밤이다

모든 거짓은
사실로부터 시작된다 ♪

♪ 눈을 떴다. 겨울 아침이었다. 더웠다. 출근 가운데였다. 남들이 보는 생활에서 이기고 싶었다. 젊은이들의 얼굴을 눌러보았다. 늙은이들의 얼굴을 열어보았다. 우리는 졌다. 어젯밤 이름 없는 것이 이름 없는 것을 내려다보며 청했다. 된다고 이야기해주는 사람이 되어줄래. 그래. 사람은 어떻게 근육이 되는가. 사랑은 눈 앞이 컴컴한 밤의 정부에서.

°어떤 이름이 다른 이름을

종전 후
그는 연합군 소속으로
점령지의 문을 두드렸다

독일 주택이었다

막스 크루제 남 90세
유디트 헤르만 여 17세

대문에는 이렇게 적혀 있었는데
하필이면 달이 떠 있었기 때문이다

문을 연 건
늙은 아버지였다 당연하게도

나리

° 이름. 따뜻한 집을 위해 잠을 깨고 초를 켜고 물을 끓이고 라디
  오를 켜고 사람들 이름을 듣는다. "진아영 할머니는 4·3사건의
  피해자로서 그 아픔을 상징적으로 대변해온 사람이다."

우리는 항복했습니다

우리는 나쁜 편이 아닙니다
말할 때 착한 올빼미가 울었다

윌리스 지프에서 그와 그와 그와 그가
그의 배후에 섰다

M1소총으로
여 17세를 가리켰다

연합군은 깨끗하게 처리할 수 있다

다락방에서 떨고 있던
어둠이 가라앉은

유디트가 창문을 열고 날아갔다
흰 빛으로

막스 크루제가 그를 밀치고 쭈글쭈글한 손을 흔들었다
유디트, 꼭 돌아오렴.

연합군은 독일 소녀를 겁탈하고
독일 노인을 깨끗하게 처리했다

종전 후에도 그것의 쓸모가 남아 있었다
착한 올빼미가 그 총성을 기억했다

그와 그들이 떠나자 이름을 잃어버린 노인과 소녀가
강제된 팻말을 떼어 어렴풋이 문을 통과해갔다

조용히 해
막스와 유디트도 당했어! 。

° 이름. 우리는 언제 지워지지 않을 수 있나요?

우리의 핵심 목표는, 올해 달성해야 될 것은 이것이다 하고 정신을 차리고 나아가면 우리의 에너지를 분산시키는 걸 해낼 수 있다는 그런 마음을 가지셔야 합니다. 간첩도 그렇고 국민이 대개 신고를 했듯이… 우리 국민들 모두가 정부부터 해가지고 안전을 같이 지키자는 그런 의식을 가지고 신고 열심히 하고. 그 트라우마나 이런 여러가지는 그런 진상 규명이 확실하게 되고, 그것에 대해서 책임이 소재가 이렇게 돼서 그것이 하나하나 밝혀지면서 투명하게 처리가 된다. 그런 데서부터 여러분들이 조금이라도 뭔가 상처를 그렇게 위로받을 수 있다. 그것은 제가 분명히 알겠다.

†망각하는 자

우리는 그곳에 가본 적이 없다
우리는 그곳에 가본 적이 있다

우리는 가지 않고 간다
미지가 이를 가능하게 한다
미지는
모든 불가능성을 획득한다

우리는 미지에서 한때
바다의 목소리를 찾는 모험을 꿈꾸고
우리는 미지에서
서남쪽 섬으로 항해하라, 은빛 돛을 펼치고
우리는 미지에서 누구나 부를 수 있는
뱃노래를 부르지
미지에 포함되어서야
비로소 우리는

† 기지의 바위가 말하길, 오래전부터 이곳의 주인은 우리였으니
  너희의 두 발이 떠나야 하리라.

삶과 죽음의 신비를 어리석게 깨닫고

바다는 미지의 영역이다 섬은 미지의 영역이다 평화는
미지의 영역이다

인간이 함부로 발을 들여놓을 수 없는 구역
그것이 미지다

바다는 얼마나 더 넓어질 수 있을까
섬은 어딘가를 더 떠돌 수 있을까
평화는 어디까지 더 평화로워질 수 있을까
인간은 언제쯤 인간이 될 수 있을까

우리는 미지를 향해
현명하게
아직 알지 못하는 자들

너희,
생명을 개발하고

자연을 신설하고
평화를 경영하는
똑똑하게
이미 다 아는 자들이여
영혼이 있다는 것은

우리가 죽도록 죽이지 말자 하는 것은
너희가 죽도록 죽이자고 하는 것은

바다가 아니다 섬이 아니다
생물과 무생물이 아니다
평화가
아니다

인간이 처음 생겨난 모든
공간이다
사람을 사람이게 하는 저 먼
모든 시간이다

우리는
태어날 때부터 선언한다
미지로 돌아가기 위해
우리는 영원히

회귀한다
과거인 현재에서
현재인 현재에서
미래인 현재에서

아름답게 추한 항구를
평화를 위한 폭력을
현명하지 못한 현명을
기지의 미지를
우리는
돌이킨다[†]

[†] 미지의 천사가 속삭이길, 내 너희에게 망각을 불어넣으니 너희
  의 두 발은 진실을 따라가게 되리라.

^θ사랑의 알

밤의 호주머니에
두 손이 있다

두 손은 지금껏 어두운 손

어두운 손 안에는
생명이 있고
생명은 미래로 이어져 있다

한 사람이 그 손으로
태어나 한번도 죽지 않은 손으로
한 사람에게 손을 내민다

미래가 있는 손으로
미래가 있는 손에게

θ "R, 사랑의 뒤에 있는 것을 생각해." "우리는 사랑의 앞에 서 있
   는데도." "R, 사랑의 뒤에서 우연히 손을 잡자." "우리는 사랑의
   앞에서 사랑의 선언을 하고 있는데도." "R, 사랑의 뒤는 지혜로
   워." "우리는 사랑의 앞에서 어리석지."

밤은 머뭇거리며
시간의 무릎을 지나
자연은 욕망의 넓은 허벅지를 지나
손은 처음으로 사랑과 손잡는다

그때 그 바닥
입술에서
밤의 껍질이 깨진다

첫 빛이
그곳에서 부화한다

이것이 우리가 아는
모든
사랑은 그 공간으로부터 약속한다

빛을 지키자

손은 생명을 쥐고 있으므로
또한 그것은 선의 자연

생명은 선을 지니고 있으므로
또한 그것은 몸의 자연

몸은 핏줄로 둘러싸여 있으므로
또한 그것은 마음의 자연

마음은
불과 물을 가지고 있으므로
또한 그것은
영혼의 약속

빛은 어둠의 운명이며
어둠은 빛의 양육이리니

밤의 호주머니에서 아침의 깊은 속주머니까지
서로 손잡은 이들이여

오늘밤
그대들은
사랑의 오목한 뒤편에서
인간을 생각하게 되리니

혼자 눈 감는 밤을 잃어버린
빛나는 축복을

거기
한번의 날갯짓이 남은 가운데

두 손은
모두 두 사람의 것 θ

θ "R, 사랑의 뒤에서 우리는 깨닫고는 하지.""사랑은 슬기롭고
사랑의 선언은 언제나 우연히 손을 잡는 것으로 선포되지.""R,
사랑의 뒤에서 진실이 되기로 하자.""우리는 사랑의 앞에서 거
짓이 되었으니.""R, 사랑의 뒤는 아낌없고.""우리는 사랑의 앞
에서 축복이 되었으니."

ᚖ귓속말

귀에 대고 말을 하면
말은 귀에 담긴다

내 입술이
네 귀와 가까워지려는 말

인간은 흰 것으로 마음의 양팔을 올린다

귀에 담긴 말에 관하여
출렁일 수 있다

백자에 담긴 물처럼
물에 담긴 백자처럼

ᚖ 평화라고 불리는 언덕에서 음롱인 아이가 음롱인 아빠에게 귓
  속말한다. 귀 가까이에 입을 대고 아무런 말도 하지 않는다. 소곤
  거린다. 남이 알아듣지 못하도록 흰 목소리로 자꾸 이야기한다.
  바람은 가만가만. 움직임 따위가 드러나지 않도록 한다. 한결같
  이 수선스럽지 않은 모양으로. 바람은 조용조용. 아이와 아빠는
  얌전하다.

말은
귀의 어디쯤 담겨 있을까

영원히 담겨 있는 말
그건 좋은 말일까 나쁜 말일까

인간의 귀는 청각과 평형감각을 담당한다

담겨 있는 말은
깊이로 환산된다

귀를 심연으로 섬겨 내려간다
밑바닥을 모험한다

이를테면

담기지 않는 말은
어디까지 흘러갈까

흘러가는 말은
들어오는 말일까 나가는 말일까

말은 귀를 나가서
어디까지 가지 못하는 것일까

귀의 저 깊은 곳
말이 가닿는 태초는 어떤 곳일까

남자와 여자와 둘 다 아닌 사람만이 아는
비밀스러운 장소

인간은 탄생을 계속 잊는다

거기까지 가고
거기에서 멈추고
거기로만 간다

시작된 곳에서
한잎 흰 숨이 되는 말

내가
너에게만

귀에 대고 말을 하면
말은 귀를 탄생시킨다⌒

⌒ 아이는 침착하게 비밀이라고 한다. 아빠는 단정하게 알았다고
  한다. 말하지 않고. 바람은 햇볕의 냄새를 맡는다. 아빠는 손가락
  으로 가리킨다. 그 코의 모양을 알리고 그 코의 움직임을 나타낸
  다. 아이는 아빠의 귀 가까이에 입을 대고 흰 목소리로 영원히 풀
  수 없는 비밀을 드러낸다. 살아 있어. 바람의 마음은 어떤 일이
  이루어지기를 기다리는 간절한 마음. 인간은 그곳을 평화라고
  부른다.

○ 이 가을

영광식당에서
영광을
찾을 수 있을까

있다

두
남남
늙은
두 사람

구운 삼치를 앞에 두고
입술의 뼈를 맞댄다

이제 뼈를 발라 먹겠습니다

○ 편지를 펼치고, 우리는 마음을 다 먹었다. 너도 마음을 보내기
까지 얼마나 마음을 썼다 지웠겠느냐. 방금 출발했다는 배달음
식처럼 하나 마나 한 마음을 싹싹 비운다. 편지를 접는 일로,

사람은
흰밥 위에 흰 살 올려놓기를
주저하지 않는다

거기에 늙어 죽겠어가 있다는 듯이
늙어가는 것에 생명이 있다는 듯이

사람은 먹고
산다

살은 안으로 파고든다
모든 피의 끝까지 가겠습니다

생명이 살아나는 소리가
손바닥 사이에 머문다

왜
백반집 연인들은
밥을 먹다 말고

손을 냠냠 잡고
맥박 속 멀리
나뭇잎을 띄우는 걸까

늙으나 젊으나
거기에 영광이 있다는 듯이

영광식당
공기에
밥은 담겨 있고○

○ 편지를 접는 일로, 왜, 우리는 공기에 놓인 밥을 먹다 말고 죽겠
   다는 소리를 툭 떨어뜨리기도 하는 걸까. 그 추락에 영광이 있다
   는 듯이. 지금도 식당은 연인들의 손을 연결하고 그것이 오늘밤
   호흡을 책임진다. 사람으로서, 그 마음에 밥이 있다. 편지를 펼
   치고,

❀ 생명은

지름을 이해하기 위해
뽀뽀한다

뽀뽀함으로
우리는 인간일 수 있다

낮잠을 자고 일어난
생명의 입술에
입술을 맞대면
입술이 넓어지고 좁아진다는 것을
공부한다

공부할 때
생명은 이런 숨을 쉬는구나
처음 느끼고

❀ 처음 그가 첫 사람의 입으로 숨을 불어넣었다. 첫 사람은 그 숨
을 코로 내쉬었다. 그 일이 그 둘이 이룬 첫 노동이었다. 첫 연대
였다. 첫 역사였으며, 처음부터 좋은 일이었다.

생명에는
생명의 숨을 불어넣어주어야 하는구나
배워서 알지 않는다

숨구멍이라는 말을
콧구멍이 아니라
입술의 구멍으로 받아들이는 일
그것은 뽀뽀

아가와 검둥개와 단호한 돌
술에 취한 사람과 내몰리는 노동자들과 투석꾼들

입술을 찾는 사람으로서 우리는 같다

입술을 쑥 내민다
입술만이 그렇게 할 수 있다

당신과 나는
원에서 태어났고

입술소리로 한평생 진실을 읽는다
뽀뽀의 순리

생명은 뽀뽀함으로 가볍다

우리는 그 길로 사람을 이해하므로
생명의 첫 지름을 깨우친다❀

❀ 생명 있는 것이 생명 있는 것과 입을 맞춘다. 가장 진실한 승리를 말한다. 오늘도 4월 16일입니다. 호흡한다. 호흡하는 인간으로서 믿음이 있다. 우리는. 지금 서 있는 시간으로부터 더 먼 시간까지. 떠오를 것입니다. 가라앉는 인간이기를 주저함으로써 생명은 생명에게 입술을 내민다.

•장례식장에서

흔들리는 것을 보았다
무를 먹는데
작고 밝은 것들이 웃었다
무지했다

바로 앉는 자세를
다시 한번 생각하고
그런 식욕이
영정을 돌아보게 했다

불빛 환하고 죽은 사람이 한가운데

● 낮에 본 얼굴을 밤에 다시 봅니다. 우리는 이렇게 가까운 얼굴
입니다. 그런 얼굴로 당신은 모르는 얼굴을 보고 나는 얼굴을 모
릅니다. 두번 절하고 한번 맞절합니다. 그럴 때 어떡하든 얼굴을
피하고 싶습니다. 얼굴을 들 수 없어서 그게 밤 때문이라고 밤이
뒤통수에 달라붙어 고개를 숙이게 한다고 믿으며 밤하늘을 우뚝
올려다보는 겁니다. 최선을 다해 움직이고 있는 것을 우리는 자
연이라고 부릅니다. 이곳에서 자연이라는 말은 너무 자연스럽습
니다.

고개를 이편에서 저편으로 돌릴 때
흔들렸다
얼굴이

흔들리는 얼굴이
저만치에서 오는 사람에게로 달려가
오빠
얼굴을 묻었다

오빠는 어디 먼 곳에서 오는 것
먼 곳에서 가져 온 물건을
손에 쥐고 있었다
삶의 끈을 놓았다고
오빠
다 흐려진 얼굴이
허공이었다
참 무 같은 것이

작고

밝은 것들이 반짝이고
아버지
하고 다 큰 것들을
흔들리는 것이 보았다

그것이 뒤를 돌아보며
장지는 어딘가
끝으로 물었다

곧 떠날 사람이었다●

● 떠나야 할 사람은 왜 모두 백발입니까. 그게 떠나야 하는 색인
것처럼. 낮에 본 당신의 얼굴은 검은 것이었습니다. 밤에 본 내
얼굴이 아직 검은 것처럼. 죽음을 아는 얼굴이 아니니까요. 누구
도 그런 색의 얼굴을 가질 수 없습니다. 오로지 곧 떠날 얼굴만이
그런 얼굴에 근접할 수 있으니까요. 아버지, 그렇게 가시면 어떡
합니까? 그렇게 백발을 다 보이고요. 선명하게 흐릿한 것이 흔들
리는 얼굴들을 지나쳐 저만치로 갈 때 오빠, 하고 멀리서 달려오
는 얼굴이 있는 겁니다.

❋죽은 말

그의 얼굴은 흑백이다
그는 여전히 산 자들의 세계를 걸어다닌다

그는 바다에서 세월을 보낸 얼굴을
집에서 늙은 얼굴로 본다

말을 기억해야 해
그는 말하고 그는 말의 뒤에서 잔다

그의 삶은 걸어다니며 죽는 것들 주변에 널려 있다
지푸라기라도 잡는 심정처럼

그는 그곳으로 늙어간다
침묵의 마구간인 아침으로

❋ 색깔이 있는 말이다. 슬픈 말이다. 슬픈 색깔. 그는 흰색이다. 그
는 이제 흰색 말이다. 그는 색깔 있는 말을 가지고 있었으나. 그
의 말. "가만히 말은 망가진다. 가만히 있어서 말은 운다. 가만히
흰 말이 가만히 슬픈 말에게 다가가 가만히 네 다리를 접고 가만
히 그곳에 엎드린다." 그의 슬픈 말.

179

진실에 있어
근육을 가지세요

그는 말 걸고 싶지만 말 걸지 않는다
그는 말을 얼굴에 쓰고 말의 소리를 내며 한 마디 말이
되어간다

영정사진이 가진 내면이
이토록 따뜻하고 쓸쓸한 항변이라니

말이 있어 그의 그림자는
가라앉는 것들을 생각한다

진실은 영원히 승리를 눈앞에 두고 있다

그는 현명해지고 죽은 자로 살아 있다
말이 사라진 밤이다✿

❀ 그는 엎드려 있다. 그는 바위를 삼켰다. 그의 신체는 사라졌다. 마음이 저토록 흰색이어도 되는가. 그는 인간의 말을 아직 버리지 못했다. 그 죽은 말을 핥는다. 이제 그는 죽은 말을 핥는 죽은 말에 관해 쓴다. 그는 산 자들의 밖에 둘러싸여 있다. 그는 움직인다. 그는 네개의 다리를 가진 자, 그게 그의 색깔을 분명히 한다.

φ 종말론

한낮
어두운 가운데 비 오고 있다

종말의 날씨다
종말의 날씨는 아니다

우산을 펴고
김밥을 사이에 두고

눈앞은 호수
물뿐인 호수

숲속에서 학교에서 도망친
여학생들이 이야기를 나눈다

한낮 어두운 가운데

φ 너희는 듣고 또 들어도 깨닫지 못하고 보고 또 보아도 알아보지
   못하리라.

비는 우산 위로 떨어져

물 아래로 동심원이 가라앉는다
시간이 무게다

희고 자욱한 안개 속에서
희고 자욱한 김밥 한줄

구름 한점 없이 햇빛이야말로 종말의 것이지
옛날에 배를 타고 가다 물에 빠져 죽은 우리들이 있었어

비 온 뒤 차차 갬
숲속에서 남학생들이 손을 잡는다

지난 진실을 붙잡고
낙원극장으로 가려고

김밥 앞에서 만나자
약속

눈앞은 호수
물뿐인 호수

푸른 찌르레기가 그걸 물고
날아간다

저 새를 따라가자
저 새의 끝에 낙원이 있겠지

비를 올리며
우산을 들고

젖은 가슴에는 학생증이
젖은 교복 바지 안에는 두 다리

학생들이 일어서서
푸른 것 날갯짓을 따라간다

어둡고 비 내리는 가운데
빛이 단무지가 사라진 곳으로 떨어진다

햇빛이야말로 너희들의 것이지
옛날에 푸른 찌르레기를 따라가서 희망을 찾은 아이들
이 있었다

극장에서 학교에서 도망친
두 학생이 흠뻑 젖은 채로 나왔다

빛이 도처에 있어서 둘은
손을 놓았다

진실이 날아갔다φ

φ 가진 자에게 주면 그는 더욱 가질 것이지만, 가지지 못한 자에게
주면 그는 가진 것조차 빼앗길 것이다.

♈ 인권

수련 앞에서 만나자
만나서? 마음의 좆을 생각하자

담을 수 없는 물과
가라앉지 않는 호수에 관하여

마음을 쓰자

남자와 남자로서 사랑한다고
미래를 생각하지 않겠습니까

지금부터가
새하얀 마음

♈ 남자와 남자는 인권을 앞두고 거대 후죠시를 생각한다. "학교에
서 동성애 교육을 하면 남자애들끼리 섹스파티를 벌일 겁니다."
인문관 앞 잔디밭에서 남자와 남자는 투쟁 중인 청소노동자들과
짜장면을 시켜 먹는다. 미래다. 음란이 사랑을 격화시킨다. 새하
얀 마음.

마음의 좆을 미래라고 볼 수 있다

미래에 물이 가득하다
그 물에 빛이 그윽하다

넘어가는 시간
불타지 않는 시간 번지는 시간

시간 앞에서 흔들리는 바람에 그림자 속에서
포경하지 않은 한쌍의 자지

자지는 무척이나 단순해서
자지만으로 생각할 수 없다

노란 자지털이 빛을 받아 반짝인다

미래는
그 안에 그 마음에

밤을 남자와 남자는 사랑해서
보내지 않는다

앞으로 가 진짜
새하얀 마음

앙리!
프랑크!
미셸!

fin

호수 앞에서 만나자
영화가 끝나고

남자와 남자는 새하얀 마음을 서로에게 내민다

지금 넣을까?
호수의 꽃말 중에는 청순한 마음도 있어

마음의 좆이 하얗게 피었다
남자와 남자가

인권을 생각하자
항문섹스는 우리 겁니까?

밤이 봉오리를 닫고
수련은 잠든다

미래다ϒ

ϒ 사랑이 음란을 격화시킨다. "꺼져라 지옥의 개들아. 누구를 물
  고 가려고 동방의 빛나는 나라에 더러운 모습을 보이느냐. 너희
  가 여는 건 지옥문이다." 여자와 여자는 미래를 앞두고 인간의
  탈을 쓴 것들을 생각한다. 여자와 여자로서 손을 잡고 남자와 남
  자로서 입술을 맞대고 여자와 남자로서 마음의 수련을 꼭꼭 씹
  어 먹는다. 언제까지 부채춤을 추게 할 거야.

미래가 온다

은재야
신흥시장을 지날 때

불러본다
그러니까 햇빛을 받는 것

구내염으로 밥을 먹지 못하는
아이를 곁에 두는 일에 관하여

나는
일찍이 알지 못한다

동성애자는 그런 걸로 슬퍼지지 않지만

⚬ 오늘은 구름이 있다는 것만으로도 손을 잡을 수 있다. 돌담길
을 걷는 사람들로도 쓸 수 있다. 과거와 현재와 미래라는 얼굴로.
명륜3가와 원조 꼬치오뎅과 화접몽 한의원과 아남아파트와 재
능교육과 용역 깡패와 민주노총과 최저임금 1만원과 보광당과
꽃과 표구화랑과 공식 결혼 세번과 여성 편력으로도 쓸 수 있다.
환승.

은재야 부르는 목소리를 생각하면

어디선가 바람이 그림자를 흔들어
나뭇잎이 진다

정차한 버스에서
아무도 내리지 않을 때

통닭 한봉지를 들고 선 사람을 보고도
살을 발라줄 저녁을 떠올리지 못하는 걸로

어떤 생은 슬퍼지는가
빈 택시처럼 물음이 달려들 때

은재야

하얀 와이셔츠와 검은 바지를 맞춰 입고 선교하는 서양
남자들을 보면
헬로우 손을 흔들 수 있고

어떤 나뭇잎이 하필 택시 위로
떨어져 더 멀리 갈 때 손뼉을 칠 수도 있다

그렇게 세계와 친해지기 위해 햇살을 받을 수도 있다
너는, 너를 부를 때

구내염은 다 나았을까?

아빠라서 힘이 센 아빠 곁에서 엄마라서 마음이 아빠의
두배인
엄마 곁에서 제법 울기도 했을까

우는 것과 울음을 멈추게 하는 것으로
동성애자는 슬퍼질 수 있다

점점 더 개구쟁이가 되어가는 은재야
우리에게도 사랑과 축복이 있으니까

미래에 우리는 한 택시에 합승할 수 있고
떨어진 은빛 동전을 줍기 위해 같은 손을 내밀 수 있고

엄마 친구야
아빠 친구야

물을 수 있고
말할 수 있다

버스가 신흥시장을 지나 서부경찰서 후문에서
멈출 때 이제는 내려야 할 때

잘 자라주렴
너만은 아니지만 너로도 미래가 온다

아빠와 엄마와
우리가 있는 그대로 그러했듯 [

어떤 말은 너무나 큰 용기를 줘서 완전하다. 시장을 지날 때 너의 소식을 보았다. 사슴을 들었다. 우리는 차차 보게 되겠지. 그 뿔을. 우산을 든 사람이 약자석 앞에 서 있다. 눈을 뜨고 잠든 약자의 허리를 보며 굵어진 시간에 대하여 생각한다. 배꼽 위에 모은 손과 눈 위의 눈썹. 붉은 것으로 가장 멀고 검은 것으로 가장 가까운 정신. 시간은 결국 발의 끝에서 멈추고 마는 것. 눈 감은 약자를 보면 눈이 밝아진다. 귀가.

⋈열여섯번째 날⋈⋈

진실의 전단을 들고
두 다리를 사용해 길을 걷다가

경언에게

경언아
우리는 죽었어

말해버렸다
입술이 창백해졌다

사람이라는
말은 이토록 무용하고 유용해

정오와 자정 사이에서
불가능한 것을 하려고

⋈ 많은 이들이 지금 서 있는 시간으로부터 더 먼 시간까지
⋈⋈ 눈빛을 모아두는 도서관이 있다면 오늘 많은 이들의 눈빛을
  거기에 두겠다

죽어 있는 사람들이
도서관에 모여 있었다

말해볼까

괴담
졸업앨범을 펼치고 죽은 사람을 찾아보자

나 너 너 너
우리

죽은 사람이 산 사람보다 이렇게 많은데
졸업사진은 찍어 뭐 하니

거리에서 매운 물을 뒤집어쓰면
속죄하는 기분이 들어서

밥을 먹었다

미문
국가가 왜 국민을 던져집니다

던져지는 것은
어떻게 내 가족은 죽었습니까

보도합니다
덮습니다

덮어지는 것은
그만할 때도 되지 않았습니까

야, 이 빨갱이 새끼들아
그때만 해도

최루탄이 아름답습니다
차벽이 아늑합니다

망각을 포기하기 위해 국화를 들어본 적이 있습니까

국가란
각별한 주의를 요구합니다

이 아이들은 이 아이들과 중학교를 같이 다녔습니다
역사의 주인공들이지요

어디서 노란 것을 구조해왔나요

가만히 있어라
안녕들 하십니까

이렇다 할 사실이 모여
도서관의 책들에선 썩어가는 냄새가 나고

사람들은 죽어도
눈을 마주치는 일을 삼갔다

경언에게

경언아
그래도 전단은 붙여야지 산 사람을 찾아야지

말해버렸다
입술은 행동할 수 있다

사람이라는
진실은 이토록 정처 없이 희망차고[⋈]

⋈ 눈빛은 어둠을 밝힐 수 있을까요? 검은 머리카락과 흰 머리카락은 또한 그럴 수 있을까요? 엄지와 새끼손가락도 생각해볼 수 있지요? 발톱의 때만도 못한 것과 우리 임 손톱의 반달은 또 어떻고요? 고립된 시간과 연행된 장소는요? 아침에 눈을 뜨면 보이는 빛과 밤에 눈을 감으면 보이는 친구들은요? 십육 페이지와 삼백 페이지의 네번째 줄은요? 헤어진 애인이 챙겨간 다리미와 십년 만에 연락해온 공장노동자의 육포는 안될까요? 식물의 돌과 자라나는 돌은요? 조상님들과 조선의 사람들은요? 인도네시아산 유리컵과 중국산 접시? 남자로 태어나 여자가 되고 싶은 사람과 여자가 되어서 여자를 사랑하는 사람은요? 사라진 일곱시간과 지워버린 일곱시간은요? 대통령과 전 대통령은요? 무덤까지 가는 진실과 무덤에서도 나오는 진실은 어둠을 밝힐 수 있을까요?

긍지의 시[주]

양경언

[주] 김현을 흉내 내어 재미있는 일을 꾸미고 싶다. 가령, 방금 김현의 시집을 펼친 우리는 시집 갈피마다 눈을 이끄는 구절에 연필로 밑줄을 그어볼 수 있다. 제목과 각주를, 시 구절과 행간을 왕복운동하는 사이, 페이지마다 흑색의 길이 나게 될 것이다. 처음에 연필로 밑줄을 그었다면, 두번째로 시집을 펼쳤을 때는 붉은 색연필로 밑줄을 그어보자. 세번째 읽기는 주황색 잉크로, 네번째는 노란 색연필로, 다섯번째는 초록색 펜으로…… 거듭 이어갈 것. 여러번 읽었지만 단 한번의 눈맞춤도 이루지 못한 구절에는 독특한 무늬를 그려서 그 나름의 복장을 갖추어줘도 괜찮겠다. 이와 같이 색을 달리한 밑줄놀이를 일곱번의 독서로 진행하다보면 어느새 김현의 시집은 무지갯빛의 깃발이 되어 있을 것이다. 우리는 이 깃발이 나부끼는 거리의 행진을 상상하는 것만으로도, 또는 등뼈를 세운 자세로 험한 세계를 상대함으로써 미래의 자랑이 되는 날을 떠올리는 것만으로도 뿌듯한 하루를 살 수 있다. 재미있는 일이라 했지만 이것은 어쩌면 시와 더불어 몸을 쓰는 일, 가장하지 않은 천진으로 광장을 가로질러 가라고 권하는 일. 그러니까 김현의 시집을 펼친 오늘은 그런 환회의 날 펄럭일 깃발에 적혀 있는 시를 읽은 날이다.

1. 나날이 강해지는

김현의 첫 시집 『글로리홀』(문학과지성사 2014)을 기억하는 독자라면 시인 김현의 특징을 꼽을 때 캠프적 작법[1]과 다양한 각주가 차지하는 페이지를 떠올리지 않을 수 없을 것이다. 차례차례 짚어보기로 하자. 먼저 캠프적 작법에 대하여. 영화, 소설, 사진, 노랫말, 대중문화 스타들의 이름 등 동시대의 다른 예술작품을 연상시키는 말을 시 안에 자유로이 들인다거나, 시에서 거론되지 않았다면 특별히 문제삼지 않고 넘겼을 법한 '인간'과 같은 거대 개념들을 반복사용한다거나 하면서 모든 언어를 "인용부호 속에서"[2] 보는 김현의 방식은 여기에 해당한다. 이를 활용할 때 시인은 기존의 관념을 뒤집어쓴 대상과 거리를 두는 태도를 끝까지 유지함으로써, 말이 씌어지는 동시에 거기에 기입된 기왕의 의미가 기어이 다른 방향으로 뻗어가게 한다. 시에 들인 말들과 거리를 두는 태도는 다양한 각주에 지면을 내어주는 형식으로도 드러난다. 즉, 말과 말 사이에 각주로 거리를 확보해서 한편의 시에 여러 시적 상황이 펼쳐지도록

1) 원래는 퀴어들의 속어였던 '캠프(camp)'는 미국의 작가 수전 손택(Susan Sontag)에 의해 "부자연스러운 것, 인위적이고 과장된 것을 애호"하는 양식이란 의미로 정식화된 비평 개념이다. 수전 손택 『해석에 반대한다』, 이민아 옮김, 이후 2002, 408면.
2) 같은 책, 416면.

만드는 것이다. 그러나 김현의 시가 제아무리 멀리 있는 이미지와 언술을 한 페이지에 겹겹이 놓아둔다 하더라도 이들 사이는 특별히 무질서하게 느껴지지 않는다. 이는 시의 본문을 초과하는 말들이 '각주'라는 장소로 이동해 확보되는 여유 공간에서 시 본문상의 정서가 진동하고, 각주로 이동한 이미지는 마치 본문의 그림자처럼 본문과 연결되어 있으면서도 결코 닮지 않은 모습으로 의미를 멀리에까지 발신하는 상태를 만들기 때문일 테다. 요컨대 지면에서 벌어지는 더하기(+)와 빼기(−)의 운동은 한 작품의 주제를 구축하기까지 균형을 잡아가는 자연스러운 과정이다.

언급한 시작(詩作) 방식을 활용해 슬픔이나 분노가 고인 상황도 얼마든지 삶의 중요한 질문으로 전환할 수 있음을 알리고, 그렇게 마련한 질문들로는 마치 불꽃놀이와 같은 유희적인 시간을 연출했던 첫 시집의 김현을 기억한다. 오늘 우리가 만난 김현의 두번째 시집 『입술을 열면』은 이 특징들과 아주 헤어진 건 아니지만 이것이 어떤 새로운 탄생을 예비하는지에 관해선 더욱 씩씩하게 보여주는 듯하다. 시집에 각주 대신 사용된 '디졸브(dissolve) 기법'은 말이 정주할 장소로서의 시가 아니라 흡사 영화장면이 넘어가듯 쓰고 읽는 과정 내내 그 자체로 운동하는 시가 우리에게 도착했음을 알린다. 다음과 같이 말할 수 있겠다. 김현의 시는 나날이 생활력이 강해진다. 이제 시인은 불꽃놀이를 연출하는 '이야기'에 실려 그 자신이 사라져버릴지도 모른다는 불안을 남기지 않는다(때로 김현의 초기시가 '소설'처럼 들린다는 이들도 있다. 시인이 '시'에도 역시 홑따옴표를 붙여 시 너머의 길을 모색하려는 듯이 보여서다. 그러나 이는 어디까지나 '시'로 말미암은 길임을, 시인은 잘 안다). 그보다 그것을 전하는 입술이 되어 우리 곁에 선다.

2. 선언하는 몸

첫번째 시집 뒤표지에 수록된 「인간」이 두번째 시집의 두번째 순서로 배치될 때 추가된 각주 "◉"에는 "인간은 온다"로 시작해 "인간은 물대포 앞에서 천사를 상상할 수 있고 평화를 그릴 수 있으며 종말이 멀지 않았음을 기록할 수 있다"는 선언으로 이어진다. 광장에서 경찰과 맞부딪치며 국가의 통제에 저항하는 이들이 "인간"으로 호명될 때, 자신의 몸을 방패 삼았다가 그대로 —— 물대포 앞에서도 평화를 그리며 묵묵히 서 있는 용기로 —— 무기가 되는 상황은 "인간다워지기 위"한 일로 그려진다. 사회가 허용치 않는 말을 하려는 자의 "입술"을 시인은 "예쁘다고 생각한다". 시인에겐 그러한 입술을 가지고 거리에 서 있는 몸 자체가 이미 발화인 셈이다. 이로써 특정한 역사적 권력에 의해 혹은 사회구조나 제도에 의해 '인간'과 '인간 아닌 자'로 구분되던 과거의 말은 비로소 폐기되고, 새로운 의미를 가진 "인간"이 울려퍼진다.

이런 시도 떠올려보자. 「이 가을」에는 "늙은" 남자 둘이 백반집에서 구운 삼치의 뼈를 발라 먹는 장면이 나온다. 만약 "사람은/흰밥 위에 흰 살 올려놓기를/주저하지 않는다"는 구절까지만 읽었다면 살아 있는 것을 먹는 사람의 모습이 일견 섬뜩하게 느껴지기도 할 것이다. 그러나 이 구절이 "사람은 먹고/산다"는 정의로 확장될 때, 하여 "산다"는 말에 방점이 찍히고 "살은 안으로 파고든다/모든 피의 끝까지 가겠습니다//생명이 살아나는 소리가/손바닥 사이에 머문다"는 구절로 전환될 때는 어느덧 "영광식당" 안의 풍경이 구체적인 생활을 단단하게 꾸려가는 사람들의 일상으로 채워져 우리 앞에 놓인다. 풍경의 묘사 속에서 "사람"에 대한 정의가 솟아올랐으니 우리는 그 말을 이제 함부로 대하지 못한다. 먼저 시와 마찬가지로 '사람'으로 선언된 이들의 삶이 거기에 있기 때문이다.

이번 시집에 수록된 시편들 대부분은 박근혜 정권이 들어서고 무너져가던 시기에 씌어졌다. 인간의 존엄에 무심한 정권에 의해 삶이 삶으로, 죽음이 죽음으로 대접받지 못하는 일이 비일비재한 시기였고 동시에 인간의 존엄을 사수하려는 이들에 의해 삶이 삶다울 수 있도록, 죽음이 죽음다울 수 있도록 하는 싸움의 불 역시 꺼지지 않고 이어지던 시기였다. 그러니 정권에서 길들이려는 방침에서 벗어나 인간의 몸을 선언하는 일은, 시인에겐 부정의(不正義)한 세계에서 인간의 몸으로 살아간다는 건 어떤 의미이며 제대로 살아가기 위해선 무엇이 충족되어야 하는지를 끈질기게 묻는 일과 다르지 않았을 것이다. 선언된 인간의 몸으로 새 말을 전하는 과제가 무엇보다 긴요했을 "눈앞이 컴컴한 밤의 정부"(「빛은 사실이다」)의 시기를 시인은 그리고 우리는 살았다.

따라서 "새 마음으로 살다보면 새 몸이 되겠지"(「조선마음 8」)라는 구절은 새 인간을 증명하기 위한 행위의 서문이다. 신체기관을 사용하지 않는 발화란 있을 수 없기에 시집 곳곳에 '얼굴'과 '눈' '귀' '등' '뼈' '손', 그리고 무엇보다 '입술'이 행동하는 장면들은 행위로 탄생하는 "사람이라는/말"이 어떻게 "이토록" "유용해"(「열여섯번째 날」)질 수 있는지를 반짝거리며 증명한다. 또한 한 사람, 한 사람의 삶이 소거된 선언이란 무의미하기에 시집 곳곳에서 아이들이나 노부부, 혹은 태현이, 은재, 해진 누나 등이 호명되는 장면들은 이렇게 모인 사람들로 탄생하는 '새로운 세계' 혹은 다가올 미래의 공동체를 예고하기도 한다. 이 몸들은 지금 이곳의 사회 한가운데에 떳떳이 출현하는 방식으로 선언을 한다.

3. 조선마음의 노래

'지금 이곳의 사회'가 어떠하기에?
백여년 전 노르망디 지역에서 살인을 저질러 검거된

'삐에르'의 이름이 반복해서 소환되는 「방공호」는 살아 있는 사람의 말을 광인의 것으로 바라보는 세계와 그런 세계가 벌이는 기이한 "지상에서의 일"을 서늘하게 보여주는 시다. "우리는 죽었다는 말을 번복"하는 삐에르가 사람들에게 "광인"으로 취급되는 세계는 다름 아닌 "차벽에서 골목으로 어둠이 용역처럼 투입되"고, "곤봉 같은 목소리가" 울려퍼지는 공권력의 폭력이 용인되는 곳. 이런 곳에서 "살아 있는" 건 "암호"와 같이 누군가의 해독이 필요한 말뿐이다. 그렇다면 이런 곳에서 절실한 건 엄혹한 세상을 피해서 숨어 있는 삶을 향해 "거기, 누가 있습니까?" 하고 서로의 "뜻을 알아듣는" 목소리를 찾는 것. 「방공호」의 비장한 분위기는 시인이 '지금 이곳의 사회'를 금기가 장악한 곳으로, 금기에 맞서 진실을 사수하려면 이중적인 생활을 감당해야 하는 곳으로 체감하기에 형성된다.

「빛의 교회」에선 어떤가. 이 시에서 '여기'는 "빛나는 것을 생각하"려면 "눈을 감"는 곳, '성스러운' 장소를 사수한다는 미명하에 어떤 이의 삶을 가장 속되게 "저주"하는 아이러니한 곳. 그러므로 여기에선 자기 자신의 현실을 우스개로 삼아 조롱조로 던지던 말들이 농담이 아니라 진담으로 뒤집힌 채 받아들여지기 십상이다("죽겠다고 말로만 떠들지 말고/죽어라" "죽고 싶다고 말하지 말고/죽어라"). 「빛의 교회」의 우스꽝스러운 골계(滑稽)적 상황은 시인이 '지금 이곳의 사회'를 불화가 끊이지 않는 곳으로 여기고 그를 넘어서는 방안을 고안하는 과정에서 창안된다. 이런 꼴의 사회가 지금 이곳의 실체라면, 그래서 많은 이들 사이에서도 '헬조선'이란 표현이 당연하게 떠돌 정도라면, 우리는 어떻게 계속해서 살아갈 수 있을까. 지금 이곳의 세계는 사람을 오래오래 살게 하는가.

이러한 고민을 배경에 두고 「조선마음」 연작시편들이 태어났을 것이다. 비장과 골계로만 설명되는 '지금 이곳의 사회'에 우아(優雅)미와 숭고미를 더하기 위해 시인은 '조선'이라는 이 땅의 옛 이름에 기꺼이 '마음'을 부여한다. 거기엔 "민숭민숭하게 늙어"가는 "시간"을 느끼는 마음이 있으므로 "꽃이 피지 않는 식물을" 사면서도 "봄에는/꽃을 주는 사람이"(「조선마음 8」) 될 수 있다는 미래가 설계되고, 비의 기운이 사방에 가득해도 "그곳은 어때" "그곳은 어떠니" 하고 멀리를 향해 묻는 마음이 있으므로 "앙상한" 기도가 성스러워질 수 있는 순간이 마련된다(「조선마음 4」).

무엇보다 간결한 시행 사이에 같은 말을 반복 출현시킴으로써 의미의 자장을 확장시키는 방식은 「조선마음」 연작시편들이 구사하는 리듬과 관련이 있다. 이는 '지금 이곳의 사람들'이 '살아갈 수 있을까'와 같은 질문을 반복하다보면 "누구라도/여기" "빛이 있었다"(「황혼의 빛」)는 발견의 순간에 당도할 수 있으리라는 기대와 연결된 것일 테다. 간신히 붙들고 있는 질문, '이곳에서 계속해서 살아갈 수 있을까'를 우아와 숭고에의 의지로 해독하면 '지금 이곳의 사람'은 응당 그래도 되는 존재이다.

4. 이토록 사실적인 긍지

그러니까 응당 그래도 되는 존재들이란, 다름 아닌 "혁명이 아니라 사랑을"(「박물」) 마음에 품고 있는 자들이라 해도 된다. 이 말을 사랑이 혁명보다 더 크다고 생각하는 어느 순진한 이의 낭만적인 시구로 오해해선 안된다. 그보다는 혁명이 사랑과 같을 수 없다면 또 무엇일 수 있는지를 급진적으로 묻는 태도에서 비롯된 말로 이해해야 할 것이다.

「기화」는 눈 쌓인 공원을 산책하고 돌아온 애인의 언 몸을 녹이기 위해 한밤중에 보리차를 끓이는 생활을 담담하게 묘사한 시다. 어느 겨울밤은 "물의 열망"을 "소환"하여 "보리차를 맛있게" 끓여냄으로써 방 안의 공기를 데우고, 그 따뜻함에 힘입어 연인은 서로의 영혼을 어루만지는 시간을 갖는다. 시의 제목이 '기화'이거니와, 이 아늑한 사랑의 한 순간을 지키기 위해서 연인을 둘러싼 공기의 입자들은 은밀하게, 하지만 격정적으로 움직여야 했을 것이다. 그리고 보면 겉보기에 전혀 화려하지 않은 일상의 한 장면이라 할지라도, 이와 같은 생활의 풍경을 안정적으로 탄생시키기 위해서 우리는 앞으로도 상당히 긴장하고, 크게 애쓰며 살아가야 할지도 모른다. 우리가 사는 이곳이 끊임없이 사람의 자격을 심판하는 사회라면 더욱이. 자신과 자신이 사랑하는 사람의 삶에서 그 누구도 찬탈해가지 못할 장면을 지켜내기 위해 자신의 모든 것을 바치는 이의 결기란 그 어떤 혁명이 지닌 역동성과도 견줄 수 없는 것이다. "혁명이 아니라 사랑을" 외치는 목소리는 이와 같은 방식으로 현재를 사수할 뿐 아니라 미래를 획득한다.

이제 시인은 언젠가 펄럭일 깃발에 있을 시를 적을 뿐만 아니라 오늘을 통과 중인 미래에, 사랑을 통과 중인 혁명에, 필경 여러가지를 합한 우리 모두를 적기로 했는지도 모른다. 가령 흐뭇한 생활을 사수하며 현재의 우리 자신뿐 아니라 미래의 세상을 사수하는 일에 관해서라면, 혹은 지금 이곳에서 빛이라는 사실을 발견하면서 계속해서 살아갈 힘을 다지는 일에 관해서라면 우리는 「미래가 온다」에서 "세계와 친해지기 위"한 "햇살을 받을 수도 있다". 시는 "은재"라는 이름을 부르는 것만으로도 "어디선가 바람이 그림자를 흔들어/나뭇잎이" 지는 풍경이 살아나는 장면이 그려질 수 있고, 은재가 "잘 자라주"는 것만으로도 "미래가 온다"고 당당히 말한다. 이런 일들이 사라지지 않고 결국엔 역사의 한 부분으로 자리할 때, 그리고 그러한 사실을 지탱하는 사람들의 호흡을 느낄 때, 그 자리에서 우리는 눈을 맞춤으로써 서로의 긍지가 될 수 있다. 시가 탄생의 이름이 아니면 다른 무엇이 될 수 있겠는가 하고 씨익 웃을 줄 아는 이가 품고 있던 바로 그 긍지가.

梁景彦 | 문학평론가

가방에 시집 원고를 넣어 다녔다. 그곳에 시가 있다는 것만으로도 입술이 무거웠다. 사는 게 지겹다고 생각한 적이 없다. 그러니 쓰는 것도 마찬가지다. 이 시집에 수록된 시들은 2013년부터 2015년 사이에 쓴 것들이다. 특별히 연도를 밝혀 적는 건, 우리가 과거의 시를 현재로 앞당겨오는 데 함께 연루되어 있음을 환기하기 위해서다. 과거에 당신은 어떤 사람이었을까. 과거에는 누구나 최선을 다했을 것이다. 모든 시집은 한때의 나이면서 동시에 언제까지나 나이기도 하다. 어떤 시집이 영원성을 획득하는 건 전적으로 작가의 몫이다. 독자는 시집의 불멸에 가담한다.

한때 나는 멍게나 곱창을 먹지 못했으나, 지금은 둘 다 먹는다. 시에 멍게나 곱창을 쓰면서도 시가 멍게나 곱창이 되지 않는 것이 중요하듯, 시나 멍게나 곱창이라는 말을 때맞춰 골라 쓰는 생활도 중요하다. 이 시집의 시들은 생활의 가까이에서 생활에 가까운 것을 경계하며 쓰였다. 예술가로서 나는 광기에 사로잡혀 있다. 그러나 그 광기는 누구도 볼 수 없고 누구도 보아서는 안되는 것이다. 나는 더 웃고 더 잘 것이다. 당신에게는 당신에게 맞는 평화가 이어지길.

2018년 1월
빛이 있는 곳에서
김현

창비시선 418

입술을 열면

초판 1쇄 발행／2018년 2월 10일
초판 3쇄 발행／2018년 4월 24일

지은이／김현
펴낸이／강일우
책임편집／김선영
조판／박지현 황숙화
펴낸곳／(주)창비
등록／1986년 8월 5일 제85호
주소／10881 경기도 파주시 회동길 184
전화／031-955-3333
팩시밀리／영업 031-955-3399 편집 031-955-3400
홈페이지／www.changbi.com
전자우편／lit@changbi.com

ⓒ 김현 2018
ISBN 978-89-364-2418-3 03810